EN DIRECTO DESDE ESPAÑA

Spanish Reading Materials from Authentic Sources

Sonia Rouve   Ray Symons

Stanley Thornes (Publishers) Ltd

Interrelation between topics prescribed by examining groups and the chapters of EN DIRECTO DESDE ESPAÑA

The tables show which topics are covered in whole or in part by EN DIRECTO DESDE ESPAÑA

LEAG

Topic	Chapters
1. Finding one's way	9, 5
2. Shopping	5
3. Cafés, restaurants, food and drink	6
4. Accommodation	10
5. Public transport	9
6. Domestic and personal situations abroad	1, 10, 7, 8
7. Tourist information, banks, and customs	10, 7
8. Public entertainment, tourist visits	4, 10
9. Road travel	9
10. Family and daily routine	1
11. Leisure activities, sport	4
12. Yearly routine, festivals, holiday	1, 10
13. Work and careers	3
14. Towns, buildings, houses	1, 10, 4, 5
15. School	2
16. Communications	7, 4
17. Health	8
18. Lost property, possessions	7
19. People	1, 2, 3, 4
20. Towns, country, geography and climate	10, 4, 5
21. Crime and the law	7, 9
22. History, biography	1, 4

MEG

Topic	Chapters
1. Personal identification	1
2. House and home	1
3. Geographical surroundings	1, 10; 4, 5
4. School	2
5. Free time and entertainment	4
6. Travel	9
7. Holidays	10
8. Meeting people	1, 2; 3, 4
9. Shopping	5
10. Food and drink	6
11. Weather	10
12. Accommodation	10
13. Work and future	4
14. Emergencies	3
15. Services	8
16. Lost property	7; 7

(13.–16. higher level only)

NEA

Topic	Chapters
1. Personal identification	1
2. House and home	1
3. Family and life at home	1
4. Education and future career	2, 3
5. Free time and entertainment	4
6. Travel and transport	9
7. Holidays and accommodation	10
8. Relationships	1, 2; 3, 4
9. Health and welfare	5
10. Shopping	6
11. Food and drink	10
12. Services	
13. Language problems	
14. Weather	

NISEC

Topic	Chapters
1. Identification of people	1
2. Home and house	1
3. Life at home	1
4. Environment, animals, climate/weather, festivals, seasons	2, 3; 1, 10; 4, 5
5. Education	4
6. Careers and occupations	2
7. Leisure/sports/entertainment	3
8. Travel	9, 7
9. Holidays/accommodation	10
10. Health and welfare	8
11. Shopping	5
12. Food and drink	6
13. Services	7, 9; 2, 3; 10

SEG

Topic	Chapters
1. Personal details, daily routine, home and family	1
2. School/college/work routine and future plans	2, 3
3. Relationships with others	1, 2; 3, 4
4. Free time/leisure interests/entertainments	4
5. Local and foreign environment	1, 10
6. Shopping	4, 5
7. Food and drink	6
8. Money matters	7, 5
9. Public services	7
10. Health and welfare	8
11. Holidays/accommodation	10
12. Travel and transport	9
13. Weather	10

Topic	Chapters
14. Pets*	1
15. Money*	7, 5
16. Time, dates and weather*	10, 9; 7

*For additional productive work

WJEC

Topic	Chapters
1. Self, family and friends	1; 4
2. Home and daily routines	1
3. Time, weather, dates, and numbers	10, 9; 7
4. Finding one's way	9, 5
5. Transport and travel	9, 7
6. Food and drink	6
7. Accommodation	10
8. Shopping	5
9. Services	7
10. Language	2, 3
11. Leisure	4
12. Town and region	10, 4
13. School routine and education	5, 1
14. Communications and the media	2, 3
15. Emergencies	4, 1
16. Health and welfare	7, 8; 8

(14.–16. higher level only)

SCE STANDARD GRADE

Topic	Chapters
1. People, self and personal relationships	1, 2; 3, 4
2. Home	1
3. Family and daily routine	10, 4; 5
4. School	2
5. Work	3
6. Leisure	4
7. Holidays and travel	10, 9
8. Environment, places, facilities	4, 10
9. Food and drink	5
10. Goods and services	6
11. Accidents and emergencies	5, 7; 8, 7
12. Events, concerns and ideas of adolescent and general interest	1, 2; 3, 4
13. Clothes and fashion*	5

*For additional productive work

Contents

Notes for Teachers

En directo desde España aims to provide students and teachers with a comprehensive selection of authentic reading materials – signs, labels, advertisements, notices, letters, timetables, instructions, forms, extracts from brochures and guides as well as newspaper and magazine articles – which have been selected to appeal to the interests and experiences of young people and travellers, whilst affording a valuable insight into the Spanish way of life.

The materials are classified into ten discrete chapters that encompass all of the topic areas defined in the GCSE and SCE (Standard grade) Syllabuses. For easy reference, a table is provided to show the interrelation of these topic areas with the chapters of *En directo desde España*.

Following the format of the Examination Boards' reading comprehension papers, there are questions in English (marked 'E' to show 'Examen' style questions) that test various reading skills (skimming, scanning, extracting relevant information, identifying points, themes etc.) at basic and extended levels of competence.

In addition, each of these thematic chapters contains questions marked 'P' (to indicate 'Práctica Oral') for spoken activities in Spanish. A final chapter contains a mock GCSE style test.

It is intended that the topical classification adopted in *En directo desde España* will also support students following Graded Test Schemes and Modular Courses such as RSA, FLAW, etc. Practical assignments can be developed using this source material to meet the demands of the different levels of attainment in the National Curriculum. The authors hope, therefore, that the book will form the basis of an essential classroom resource for the teaching of Spanish, to which at a later stage, teachers may wish to add their own selection of personal materials.

The Authors

SONIA ROUVE is tutor in charge of training modern language teachers at King's College, London, where she has concentrated on the development of Spanish. She taught for several years in London schools and was, until 1989, Chairman of the ATSP.

RAY SYMONS is Head of Modern Languages at Newquay Tretherras School, Cornwall, with many years' experience of teaching Spanish. He was principal author of the highly successful companion collection of French reading materials from authentic sources (*En direct de la France*, Stanley Thornes 1988).

Chapter 1
Datos personales, la casa y los animales

'Mi casa es tu casa' es un refrán español que se emplea cuando un español quiere que otra persona se sienta a gusto en su compañía, y que sea uno más de la familia. Este capítulo te ayudará a conocer mejor a la gente española, la vida familiar y los hogares de los españoles.

A   Datos personales

E1

When you arrive at your Spanish penfriend's house, she shows you her identity card. Everyone in Spain has to carry one.

1 Where and when was Victoria born?
2 Does she still live in the same town?
3 How often should the identity card be renewed?
4 What other information can you find on it?

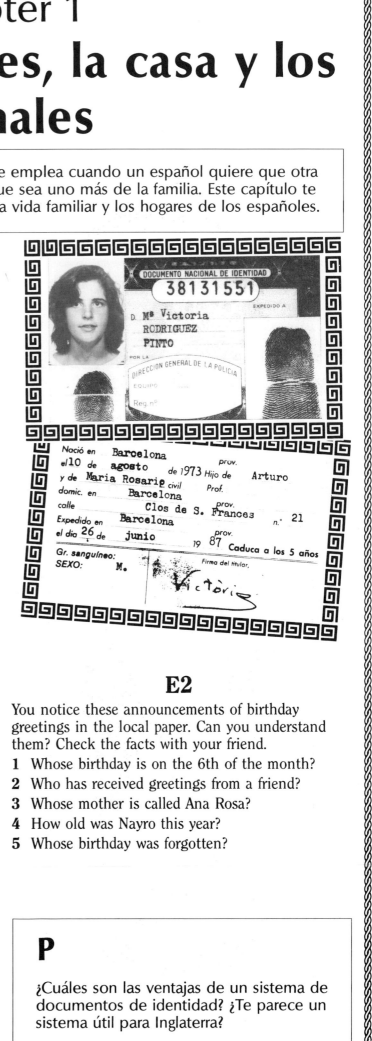

P

a ¿Cuándo naciste? ¿Dónde?
b ¿Cuántos años tienes?
c ¿Tienes hermanos(-as), tíos(-as), primos(-as)?
d Describe a un miembro de tu familia.

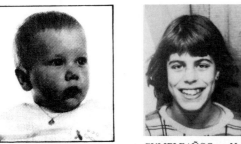

CUMPLEAÑO.— El pasado día 29, cumplió un añito el niño Nayro Avero Hernández. Es hijo de don Eduardo Avero Núñez y de doña María del Mar Hernández.
  Reciba nuestra felicitación.

CUMPLEAÑOS.— El pasado día 28 cumplió 10 años la encantadora niña Nuria Medina Castro. Es hija de don Rafael Medina Ortega y de doña Ana Rosa Castro Rodríguez.
  Reciba Nuria Medina y sus familiares nuestra felicitación por tan feliz día.

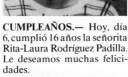

CUMPLEAÑOS.— Hoy, día 6, cumplió 16 años la señorita Rita-Laura Rodríguez Padilla. Le deseamos muchas felicidades.

FELICIDADES.— Maite aunque con retraso en el día de tu cumpleaños. De tu amiga.
M.A.G.

E2

You notice these announcements of birthday greetings in the local paper. Can you understand them? Check the facts with your friend.

1 Whose birthday is on the 6th of the month?
2 Who has received greetings from a friend?
3 Whose mother is called Ana Rosa?
4 How old was Nayro this year?
5 Whose birthday was forgotten?

P

¿Cuáles son las ventajas de un sistema de documentos de identidad? ¿Te parece un sistema útil para Inglaterra?

E3

You find this notice in a newspaper. What sort of announcement is it?

†

SEÑOR DON

JOSÉ FRANCISCO MOCOROA MARTÍNEZ

Falleció en Madrid el día 11 de septiembre de 1989, habiendo recibido los Santos Sacramentos

D.E.P.

Su esposa, doña Carmen Hernández Quesada; hermano, Raimundo; hijos, Luis Antonio, Lucía, Juan María, María Emilia y Agustín; hijos políticos, padres políticos, nietos, sobrinos y demás familia ruegan una oración por su alma.

La conducción del cadáver tendrá lugar el día 12 de septiembre de 1989, a las 12.45 horas, desde los Servicios Funerarios de Madrid, calle de Salvador Madariaga, hasta el cementerio de la Almudena. El funeral por su eterno descanso se celebrará el día 12 de septiembre de 1989, a las 20.30 horas, en la parroquia de Santa Rita, calle de Gaztambide, 75.

E4

Your Spanish host family go shopping to buy a present for two friends from this department store. For what special occasion is the present?

E5

For the same occasion, the shop BOTAFOC also offers ideas for presents. Where in the home could these gifts be used?

listas de boda para vosotros

Una exposición de regalos con estilo.
Usos prácticos. Otros decorativos. Todos originales.
Para tu sala de estar. Para el comedor.
Para vuestro dormitorio. Para "vuestro hogar."
Una colección que va desde el pequeño
detalle económico a otros regalos
muy, muy especiales que
BOTAFOC os ofrece
para..."vuestra
lista de
bodas".

Margen/J.J.Crean

Regalos para toda la vida

Os esperamos. Y hablaremos sin compromiso
Avda. Bartolomé de Roselló, 14 - IBIZA

E6

Your Spanish teacher at school has put you in touch with Marina as you wanted a Spanish penfriend. In her first letter she gives you some details about herself.

1 Does she have a brother or sister? Is he/she older or younger?
2 What is her pet?
3 Which two sports does she enjoy?
4 What is her favourite food?

> ¡Hola Sarah! Me llamo Marina, tengo 15 años y vivo en Cartagena región de Murcia.
> Tengo un hermano que ha cumplido 13 años y 1 perro que se llama TXAKUR.
> Me gustan los cantantes como Michael Jackson y Madonna.
> Mis deportes favoritos son: El tenis y la natación
> Mi comida favorita es la tortilla de patata
>
> Hasta pronto
> Marina

P

a ¿Te gustaría escribir a Marina?
b ¿Cuáles son tus deportes favoritos?
c ¿Te gustan los mismos cantantes?

E7

Gary is in your class at school and has done some
Spanish but asks you to check that he has
understood everything in his new penfriend's
letter. What has Gary got right?

1 Rafael was born in Madrid.
2 He lives in La Manga.
3 He likes tennis and football.
4 His favourite pets are cats and dogs.
5 He hates maths.
6 He wants Gary to write back.

¡Hola Gary! Me llamo Rafael, tengo 14 años
he nacido en Madrid pero ahora vivo en
Cartagena con mi familia, tengo un chalet en
La Manga del Mar Menor.

Mis hobbies son hacer laberintos,
jugar al tenis, al baloncesto, pero no me gusta el fútbol,
y la clase de animales que más me gusta para tener
en casa son el perro y el gato.

La asignatura que más me gusta
son las matemáticas que las tengo 4 horas a la
semana

Adiós   Escríbeme pronto
             Saludos

P

a Describe tu carácter. ¿Eres curioso(-a), optimista, afectuoso(-a). . . ?
b Describe a tu amigo(-a). ¿Por qué sois amigos(-as)?
c ¿Dónde vives? ¿Te gusta tu casa/piso? Haz una descripción.
d Describe tu habitación. ¿Cómo sería tu habitación ideal?

ADIVINE QUIENES SON... Y SORPRENDASE

LOS FAMOSOS DE HOLLYWOOD CUANDO ERAN PEQUEÑOS

Todos los famosos, aunque a muchos les cueste creerlo, han tenido una infancia y un pasado. Para unos fue feliz, para otros desgraciado. En cualquier caso, ese ayer está ahí, incluso con documentos gráficos, que revelan, alegría, tristeza, soledad, afecto, desatención. En fin, mil matices que configuran la personalidad de cada uno.

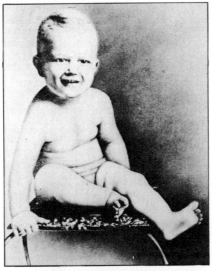
1.—Fue el vaquero, más vaquero de todos los vaqueros de las películas del Far West.

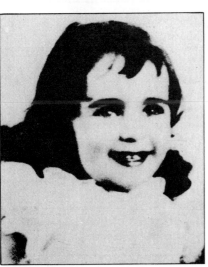
2.—Se casó siete veces con seis maridos.

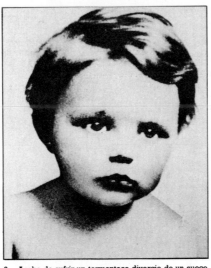
3.—Acaba de sufrir un tormentoso divorcio de un sueco y es la malvada de una serie muy popular.

E8

Here are three photos of certain stars when they were young. See if you can work out who they are. The clues should help!

P

a ¿Has visto alguna foto de tus padres cuando eran jóvenes? ¿Qué diferencias hay?
b ¿Y tú, cómo eras?

E9

Here are two articles which your friend has sent you because she thinks you will be interested in the famous people depicted. According to what you have read, which of the following statements appear to be true?

A

1 Once inside, José Luis has to wait another three hours.
2 The concert did not start until after nightfall.
3 Sting started his tour eight months ago in Argentina.
4 The concert lasted three hours and was a great success.

STING PASO POR ESPAÑA

Hacía una tarde espléndida. La cuesta que se anticipa al recinto estaba oculta por una larga fila. Seguí avanzando hasta las puertas y, casualidad, empezó a formarse otra fila pequeña, paralela a la anterior. Me coloqué y en menos de cinco minutos estaba dentro. Tuve suerte. Pero aún faltaban dos horas. Esperar tanto me fastidiaba un poco, pero supe aguantar. Después de dos horas de impaciencia y diez minutos de retraso, cuando la noche había caído, por fin asomaron los músicos, uno a uno, hasta que, entre la ovación del público, salió él, Sting.

Matthew Sumner, Sting, había empezado su gira mundial hacía seis meses en Brasil, en el estadio Maracaná, ante 200.000 personas. Siguieron tierras argentinas, europeas y, por fin, España.

El maestro llegó con seis *trailers* y tres autocares, con 220.000 vatios de sonido y 350.000 vatios de luces. Por cierto, los rumores de suspensión no se confirmaron...

Tuvimos más suerte que los valencianos. Yo fui uno de los privilegiados que pudimos verle: tres horas de concierto, recorriendo las canciones de «Nothing like the sun» y de sus anteriores discos (incluidos los de «Police»), con versiones largas y momentos espectaculares. Dos «bises» como broche de oro, cierre apoteósico. Un concierto de gala para la historia madrileña.

Informa: José Luis Santamera, de Madrid.

MADONNA Y SEAN

Insistentes rumores sobre un posible divorcio entre Madonna y Sean Penn. Desde que se casaron, Sean ha tenido difíciles relaciones con la prensa, incluso estuvo en la cárcel por pegar a un fotógrafo...
Al terminar su gira europea, Ettore Santinello, guardaespaldas de la superestrella en Italia, declaró haber tenido *amores* con ella e incluso dijo que Madonna le había jurado amor eterno.

Así las cosas, la prensa USA difundió la noticia de que Madonna había presentado su demanda de divorcio. Paralelamente, un diario alemán publicó que Madonna estaba embarazada, y hoy, una nueva noticia —¿o quizá un bulo?— dice que la cantante padece cáncer de mama. Los fans ya no sabemos qué pensar...

Informa: Julián González Almazán, fan de Madonna. Villanueva de los Infantes (Ciudad Real).

B

1 Sean Penn has been in prison for hitting a policeman.
2 Madonna is said to have declared her love for her bodyguard.
3 The American press claims that she is suing for divorce.
4 An English newspaper writes that she is pregnant.

P

a ¿Te apetece leer los reportajes sobre las estrellas?
b Escribe dos párrafos sobre tu cantante favorito(-a).

E10

You enjoy reading the problem pages in teenage magazines and decide to see if Spanish teenagers write about the same kind of things.

¿Cómo vencer la timidez?

Es como para pegarse un tiro. Cada vez que me gusta un chico, me quedo bloqueada, con la mente en blanco. Soy terriblemente tímida y no se me ocurre ningún medio para establecer contacto con él. ¿Estrella podrías darme algunos trucos?
Sonia A., 14 años, Burgos.

Por las numerosas cartas que recibo, veo que tu problema afecta a muchísimos jóvenes. En primer lugar, quiero felicitarte por tu capacidad de iniciativa y por distanciarte del arraigado prejuicio de que deben ser los chicos quienes den el primer paso. ¿Trucos que te ayuden a romper el hielo? Nuestras abuelas ya conocían docenas de triquiñuelas para llamar la atención de los caballeros sin salirse de su *rol* de **señoritas recatadas y modosas:** un pañuelo que

se deja caer distraídamente, un desvanecimiento oportuno… Hoy día, lógicamente, se aplican estrategias diferentes. Veamos dos de ellas:

Método indirecto

Lo más sencillo es buscar la proximidad física con el chico que te interesa, sentándote junto a él en el autobús, coincidiendo en las actividades deportivas o en la discoteca. Sé amable, pero sin exageraciones, con toda naturalidad. La clave está en que él se perciba de tu presencia y te incorpore en sus pensamientos: ¿Me gusta? ¿Qué puedo hacer para atraerla hacia mí?

Método directo

En esta segunda variante, la relación se entabla de modo activo, recurriendo a un pretexto cualquiera. Pídele algo que sepas de buena tinta que posee: discos, libros, vídeos, etcétera. Solicita consejo o

información sobre asuntos que él domine, dile que tienes interés por ver su colección de sellos…
Todas las chicas, incluso las más tímidas, pueden lograr que un chico se fije en ellas.
Ya has visto que el primer contacto es relativamente fácil. Ahora le toca a él mostrar interés o reaccionar.

Si no se inmuta, acéptalo sin darle más vueltas. ¡Evita el penoso y contraproducente espectáculo de repetir los intentos de aproximación! Pronto se presentará otro chico que te guste. Y, por favor, no te avergüences de tu timidez. Forma parte de ti y, bien llevada, puede ser un encanto más.

1 What is Sonia's big problem?

2 What does she say in her letter that she would like to do?

3 What does Estrella say about the problem?

4 Who does she say knew a few ploys? Give an example.

5 Some of those might be old-fashioned, so what does Estrella suggest as an indirect method?

6 What does she suggest that Sonia might ask if she were to adopt a more direct approach?

7 What should one do if the boy shows no further interest? Why?

8 What should Sonia not be ashamed of?

P

a El problema de Sonia es la timidez. ¿Te afecta a ti también?
b ¿Tienes un amigo/un novio? ¿Cómo es?
c Tus padres, ¿qué opinan de tus amigos?

Boys have problems too. Read Miguel's letter to a magazine.

¿Cómo declararle mi amor?

Hace unos meses conocí a una chica muy simpática y guapísima en la urbanización. Mantenemos una relación de amistad, pero yo quisiera salir con ella. ¿Cuál debe ser mi próximo paso? ¿Cómo puedo convertir nuestra amistad en una relación amorosa? Espero que me ayudes, pues es la primera vez que me interesa una chica.
Miguel Angel S., 16 años, Villalba.

La pregunta «¿quieres salir conmigo?» está fuera de lugar porque seguramente resultaría precipitada. Para que una relación de camaradería se convierta en algo mucho más intenso hay que proceder con cautela.
El amor y la amistad pueden estar muy cerca o muy lejos.
La próxima vez que veas a tu chica podrías hacerle un cumplido: «Cómo brilla tu mirada», «cuando estás conmigo se me pasa el mal humor», «estás monísima con esa camiseta. Ese color te sienta fenomenal».
Propón actividades y, como quien no quiere la cosa, deja notar que te alegra verla. Al día siguiente de vuestro encuentro, llámala para decirle tan sólo: «Quiero que sepas lo bien que lo pasé ayer contigo.» Y luego espera a ver cómo reacciona ella.
Si ves que responde positivamente a tus mensajes, puedes pasar a la siguiente fase: los roces o contactos físicos aparentemente casuales.
Al contarle algo puedes cogerla del brazo o de la mano para subrayar tus palabras.
Como último paso, quizá después de una partida de ping-pong emocionante y muy disputada, podrías abrazarla y decirle: «Contigo siempre me encuentro a gusto. Eres la chica más maja del universo. Me gustas muchísimo.» ¡Suerte!

1 When did Miguel meet this girl?

2 What kind of relationship do they have? What would he like it to be?

3 Has he had lots of girl friends?

4 What does Estrella advise him not to say?

5 What does she advise him to do? Give one example.

6 How does she describe the next possible step?

7 What example does she give as a final step?

8 What does she say to him right at the end of her reply?

P

a ¿A ti, te ha ocurrido la misma cosa con una chica?
b ¿Qué opinas de la respuesta de Estrella? ¿Qué les pasará a Miguel y a su amiga?
c ¿Te es fácil ligar? Habla con tu pareja de clase sobre el problema de mantener relaciones.

E12

Here is a selection from a 'lonely hearts' column. Match the advertisers with the type of person they are seeking.

CONTACTOS

CHICO soltero de 28 años, 1,75 de altura y 75 kilos desea encontrar a chica entre 18 y 30 años para sincera amistad. Tel. 284 1952.

QUISIERA contactar con chica entre 28–35 años sin perjuicios, para buena amistad, salir juntos y pasarlo bien. Soy soltero 33 años. Apdo. Correos 1010 BARCELONA.

VIUDO desea relaciones serias con sra. formal; si no es seria que no llame. Edad de 48 a 52 años. Llamar de 9 a 10h noche a Toni. Tel. 240 88 19.

CHICO de 23 años busca chica para amistad y si congeniamos salir formado pareja estable. Angel (Hijo). Tel. 849 46 20.

SEÑORA 57 años simpática cariñosa desea conocer señor 65 años para salir. Tel. 239 1078.

SEÑORA viuda de 62 años sin responsabilidad familiar desea relación con caballero de similar edad para fines serios. No importa población. Tel. 98 349 0522.

CHICO 32 años soltero, desea amistad con chica para compartir tiempo libre, no importa edad, indicar tel. no es agencia. Enrique. Apdo. correos. 94.067 SITGES.

SEÑORA separada agraciada desearía conocer caballero 35 a 40 años, educado nivel medio, para amistad y posible convivencia. Dejar tel. Llamaré. Apdo. 899 de Primavera, C/Manterias 571, 03026 GERONA.

Advertisers	Seeking . . .
1 33-year-old bachelor	A Serious relationship with a lady
2 Widower called Toni	B Girl for friendship
3 28-year-old bachelor	C Educated gentleman in his late thirties
4 Kind lady of 57	D Gentleman of the same age
5 Bachelor called Enrique	E Girl under 30 for sincere friendship
6 Widow with no family ties	F Girl, any age, to share free time
7 Lady who is separated	G Girl, under 35, to go out socially together
8 Angel	H Man of 65 for outings

P

a ¿Te interesaría contactar con una de estas personas? ¿Cuál? ¿Por qué?

b Describe a tu pareja ideal.

c Y ahora tú. Escribe un anuncio, dando detalles (edad, intereses, etc.) y pidiendo contactos.

While looking at some magazines in your Spanish friend's home, you come across a horoscope page. Your sign is Aries, your friend Mila's is Gemini and her younger brother's is Leo.

HOROSCOPO

Salud. — Si has cometido errores en tu comportamiento, ahora aparecerán bajo la forma de un debilitamiento general, pero ne es nada serio y pronto te verás restablecido.

Dinero. — Tendrás mucha suerte y puedes sacar dinero de juegos y obtenerlo gracias a viajes o a personas que viven lejos. Pero se te avecinan grandes gastos familiares: ahorra.

Amor. — Las cosas se te presentan bien en el terreno amoroso. Son muchas las personas que te quieren y parece que vives en un estado de felicidad que nada alterará. Domina tus pasiones.

El mejor día de la semana. — El domingo.

Salud. — Tu salud es buena y no se ven cambios en ese estado. El día 19 es el más peligroso, porque experimentarás el deseo de librarte de tus bajos instintos y tu salud podría desequilibrarse.

Dinero. — El 18 puedes ganar grandes sumas si estás en los negocios, porque persuadirás fácilmente a los demás de comprar cualquier cosa. Pero el 19, gastos excesivos.

Amor. — Lograrás la realización de un auténtico sueño. Una persona extraña, lejana y enigmática, se enamora de ti y ese amor te prestigia enormemente. Encuéntrate en estado de disponibilidad.

El mejor día de la semana. — El jueves.

Salud. — No tendrás problemas de salud esta semana. Aprovéchalo para adquirir mejores hábitos que los que tienes y te han conducido a una pérdida de salud ya superada.

Dinero. — Debes asociarte con personas que quieres y con un familiar, porque ahora tu alianza con ellos dará grandes resultados. No hagas las cosas solo. Forma equipo y actúa conjuntamente.

Amor. — Parece que estás profundamente enamorado y eres correspondido por la parte contraria. El 21 podría ser una jornada de decisiones, pero el 19, posible infidelidad.

El mejor día de la semana. — El miércoles.

ARIES
21/3 – 20/4

GEMINIS
21/5 – 21/6

LEO
23/7 – 23/8

1 What seems to be wrong with your health?
2 Regarding money, what do the 18th and 19th represent for Mila?
3 Will her brother be lucky in love or not?
4 Whose lucky day is Thursday?
5 Who may win money at a game or receive it from abroad?
6 Who should work on their health habits?
7 Whose health will continue to be good?
8 Which of you should work together as a team to achieve the best financial reward?

P

a ¿Lees siempre los horóscopos de los periódicos y revistas?
b ¿Te parecen serios o te divierten?

B Las casas

E14

On holiday in Majorca you see details of two properties in an estate agent's window. List the attractions of each.

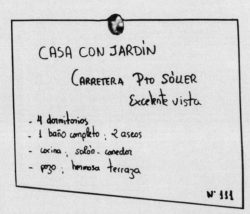

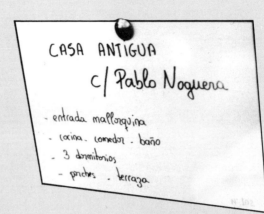

E15

Your neighbours decide that they would like to buy a villa in Spain and ask you to look at the advertisements with them. They would like to:

1 have a swimming pool or at least access to one
2 have their own garage and garden
3 be reasonably near the sea
4 have good security
5 enjoy good views
6 have at least five bedrooms and two bathrooms.

Which of those on offer (**A–H**) would be suitable for them?

A

CHALETS EN POZUELO

LLAVES, DICIEMBRE 1989

14.950.000 TOTAL

FACILIDADES, 20 AÑOS
5 DORMITORIOS, 3 BAÑOS
2 ASEOS, PISCINA, ETC.

MISCASA   211 77 10

B

VIVIENDAS

3-4 dormitorios

exteriores, dos baños, garaje,
trastero. Sólo quedan 2.
Precios especiales hasta
fin de mes.
Teléfonos:
233648 – 657536

C

VIANA ——————
RESIDENCIAL "LA CAÑADA"

• Chalets con jardín y garaje propios
• Piscina en la urbanización
• Facilidades de pago
• Negociamos crédito
• Disponemos de maqueta

Telf. 554038 (incluso sábados y fiestas)

D

SAN ESTEBAN

Palautordera. Torre alto
standing, 1.200 m² de
jardín + 250 construidos,
salón 50 m², chimenea, 7
habitaciones, 2 baños,
cocina, garaje 2 coches,
pozo con agua. 30.000.000.
Tel. 505 41 44.

E

CABRILS

170 m² (100 construidos), 2
plantas, 4 habitaciones, 2
baños, terraza-jardín, piscina
com., 2 parkings. 22.000.000.
Tel. 505 81 64.

CHALÉS

F

Vendo chalet de lujo en Campello
(Alicante) a 3 minutos del mar.
360 m² edificados, 2 plantas, 8
habitaciones, 2 baños, 2 aseos,
salón de 80 m² con chimenea,
3.200 m² de parcela con arboleda
centenaria. Pozo de agua propio en
funcionamiento. Abstenerse intermediarios. Tel. 93/585 20 60.

G

VENDRELL

Calafell. Nueva promoción
de 12 torres unifamiliares, a
3 minutos playa. Mínima
entrada. Información: Tel.
505 86 38.

H

LLORET DE MAR

Torre de lujo. 1.000 m² (300
edificados), 2 garajes
individuales, piscina privada, barbacoa, alarma, 5
habitaciones (1 suite con
vestidor), 2 baños, 3 aseos,
salón estar 40 m² + comedor
30 m², cocina completa,
espléndidas vistas. Urbanización alto standing.
35.000.000. Tel. 505 31 43.

E16

Some English friends have visited Vigo and would like to buy properties there, so they have brought back a local newspaper with them. One family would like an older property that has already been renovated; another wants a spacious property with good views over the town. Which numbers would they ask you to ring?

 **Casas**

CASA céntrica, bajo y 3 pisos. Todo vacío. González Besada. 421660.

VENDO chalet en La Guía. Maravillosas vistas ría y ciudad, soleado, independiente, en finca de 400 m², y compuesto por 3 plantas, más planta baja-garaje, magnifica terraza, etc. Facilidades, buen precio. Tlfno. 513881.

OPORTUNIDAD Vendo casa de dos plantas, medio

construida. Con finca de 1.100 metros.
En Camos, a 4 km de Panjón. Particular. Llamar noches: 419171.

SANMARTIN (Agencia de los emigrantes). Con este anuncio ofertamos 200 casa o chalets. En Vigo o playas. Infórmese. Vigo. Colón 17. Nigrán (playas). 667205.

CASONA piedra, siglo XVIII, a 10 km de Santiago: 450 m², impecable, restaurada de lujo. Finca 10.000 m², cuidadísima: murada de piedra, toda regadío, casa caseros, cuadras, hórreo,

etc. 29.000.000. Teléfono 981/ 693550.

PANJÓN vendo casa tipo paza, buena situación. Posada 444504.

Se vende casa tipo chalet en Villaza a estrenar, precio interesante. Teléfono: 399 356, tardes.

PARTICULAR vendo casas. Buenas vistas. Llamar de 8 a 18 horas. Teléfono 695590.

SE VENDE chalet nuevo amplio con finca, magníficas vistas en Pato Monteferro. 8.500.000. Teléfonos: 86091, 519709.

P

a ¿Te gustaría cambiar de casa? ¿Cuál elegirías: un piso o una casa? ¿Por qué?

b ¿Cuáles serían, en tu opinión, las ventajas de vivir en España?
Habla con tu pareja de clase sobre ese tema.

E17

Moving into a holiday home is not without expense! Which firm would you contact if you had to:

1 fit a TV aerial
2 fit security locks
3 install central heating
4 get the carpets cleaned
5 get a room decorated.

A

BENMA

Especialistas en limpieza en seco de alfombras, moquetas y tapicerias sin destapizar.
Servicio de GUARDA ALFOMBRAS, RECOGIDA Y ENTREGA A DOMICILIO
C/4 DE NOVIEMBRE 12-A
POLIGONO C'AN VALERO
TEL: 20 92 11-75 00 57

C

SE HACEN TRABAJOS de
PINTURA   FONTANERIA
y ALBAÑILERIA
Tel. 22 72 36

B

CentroTele

TALLER DE REPARACION
*TELEVISORES B/N Y COLOR *INSTALACIONES TV3
*ANTENAS INDIVIDUALES Y COLECTIVAS
*RADIOS TRANSISTORES *PORTEROS ELECTRONICOS
SERVICIO A DOMICILIO CON GARANTIA
PRESUPUESTOS SIN COMPROMISO
C/EUSEBIO ESTADA, 50 BAJOS - TEL: 29 44 91

D

INSTALACIONES DE AGUA, GAS Y CALEFACCION

MODIFICACIONES Y REFORMAS DE CUARTOS DE BAÑO Y COCINAS.

INSTALACIONES DE GRUPOS DE PRESION EN: EDIFICIOS, VIVIENDAS INDIV., CHALETS, ETC.,

PRESUPUESTOS SIN COMPROMISO

INFORMESE
☎ **82 20 02 - 38 40 74**

Atendemos toda la comarca sin cobro de desplazamientos

E

Instale seguridad en su apartamento o chalet y evitará desagradables sorpresas en las próximas vacaciones.

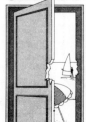

Instalamos puertas blindadas, con 7 puntos fuertes y cerraduras de seguridad. Instalación que hacemos sin obras ni molestias, en menos de 12 horas. Solicítenos presupuesto sin compromiso.

COMERCIAL *JOPIR*
SISTEMAS DE SEGURIDAD
TARRAGONA: Prat de la Riba, 24. Tel. 22 83 79.

Here is another place where you can obtain various household furnishings and articles.

El Gran Desván

Carretera de Inoa, km. 6'5, pasado Restaurante Mesón Tío Pepe, frente Son Bonet - Pont D'Inca - Marratxí - 60 10 61

EL PRIMER GRAN DESVAN DE MALLORCA
Compra, venta y cambio en artículos de segunda mano

GRAN SURTIDO DE MUEBLES TERRAZA DE MIMBRE Y DE HIERRO.

CORTADORA DE MADERA ANTIGUA PIEZA UNICA EN MALLORCA

Todo tipo televisores, blanco y negro ó color. Radios nuevas y antiguas.

TRESILLOS-SOFAS-Y MODULOS, ESTANTERIAS DE MADERA NUEVAS.

MAQUINAS EMPAQUETADORAS
★
ISLA EXPOSITORA 2 mts.
★
ISLA CONGELADORA 4 mts.
★
MAQUINA HACER CUBITOS
★
HORNOS ELECTRICOS
★
EXPOSITORA ACRISTALADA
★
LAVAVAJILLAS BAR
★
PLANCHAS ELECTRICAS
★
FREIDORAS PATATAS
★
BOTELLEROS
★
MAQUINAS TRAGAPERRAS

ALAMBIQUES DE COBRE.

SOFAS PARA PUB Y DISCOTECAS DIFERENTES FORMAS.

REJAS DE HIERRO NUEVAS Y USADAS.

REJAS ANTIGUAS
★
REJAS NUEVAS POR ENCARGO
★
PUERTAS DEALUMINIO
★
PUERTAS Y PERSIANAS
★
BANCOS RUSTICOS CON Y SIN RESPALDO
★
MOBILIARIO DE TERRAZA
★
BARRAS DE BAR
★
TABURETES DE BAR
★
HORNAMENTOS RUSTICOS
★
ARADAS
★
TRACTORES 18 HP Y 21 HP CON SUS APEROS

MAGNIFICOS MUEBLES DE BAÑO CON LAVAMANOS MARMOL EGIPCIO.

DORMITORIOS TODOS LOS ESTILOS

Alambriques y objetos de gran tamaño para decoración de exteriores

DIFERENTES CARROS DE PASEO Y LABRANZA.

COMEDORES
★
DORMITORIOS
★
MODULOS
★
COLCHONES
★
SOMIERS
★
MATERIAL SANITARIO
★
NUEVO Y USADO

DORMITORIOS JUVENILES
★
CUADROS
★
APLIQUES
★
CRISTALERIA
★
PLATOS
★
SILLITAS DE NIÑO
★
CAMITAS ANDADORES COCHECITOS

ESPERAMOS SU VISITA DE:
8 h. a 20 h. Sábados inclusive

1 List which of the following items are available in this store.

a) Colour TVs	*d*) Irons	*h*) Record players
b) Refrigerators	*e*) Cookers	*i*) Glassware
c) Carpets	*f*) Tables	*j*) Plates
	g) Curtains	

2 Does the store deal in second-hand items?

The following two articles are about houses with a difference.

E19

The first concerns the house of the singer Julio Iglesias.

La nueva super-casa de Julio Iglesias en Los Angeles

Vista de la fachada principal de la casa. De momento Julio tiene alquilada esta mansión, pero está pensando en comprarla.

El cantante nos permitió entrar en su nueva residencia de Estados Unidos, donde lleva viviendo algo más de tres meses. Situada en el barrio más elegante de la ciudad, Beverly Hills, y rodeada de un espléndido jardín con piscina y tenis, la casa goza de todas las comodidades imaginables. Su decoración está basada en la madera, los muebles de paja y en una enorme abundancia de plantas que adornan todos los rincones.

La casa desde otro ángulo. En el jardín hay gran abundancia de árboles, sobre todo pinos, plantas exóticas y flores de toda clase.

LOS ANGELES. Alvaro Rodríguez

JULIO Iglesias lleva algo más de tres meses viviendo en la bella ciudad de Los Angeles, donde tiene alquilada una preciosa mansión situada en Bel Air, la zona más exclusiva y residencial de Hollywood: Beverly Hills.

Es difícil para un hombre como Julio, para un artista, sentirse bien en casa. Los continuos viajes, el ajetreo, las largas giras, las fiestas, las grabaciones, influyen en que el tiempo de permanencia en un mismo lugar sea corto, por lo que resulta difícil llegar a sentirse cómodo en el hogar. Por ello Julio Iglesias ha puesto un especial interés en que su «santuario» de Los Angeles reúna una serie de condiciones muy especiales.

La casa de Julio está situada en el número 1.100 de Bel Air, en lo alto de una colina desde la cual se domina una vista panorámica de Beverly Hills. Se accede a ella por un camino bordeado de flores y plantas, algunas de ellas exóticas, dado el maravilloso clima de la ciudad.

Una magnífica piscina, rodeada de una amplia zona ajardinada, son el marco ideal para que Julio tome una hora diaria de sol. En la terraza podemos ver un bonito mobiliario en el que predomina el color azul y la comodidad por encima de cualquier otra regla de decoración.

El interior de la mansión es señorial, pero proporciona una sensación de confort, difícil de conseguir en una casa tan lujosa. Las habitaciones privadas del cantante son enormemente amplias. Predominan también en ellas los tonos azules y los muebles de paja de inspiración indonesia.

Numerosas terrazas dan al jardín y la abundancia de madera proporciona a la casa un ambiente de casa de campo maravilloso. También hay una pista de tenis, situada en la parte de abajo del jardín.

Los Angeles se ha convertido en el «cuartel general» de Julio. En esta casa, nuestro cantante descansa, pasa todo el tiempo que puede, y piensa en su futuro, en ese futuro inmediato que tiene como objetivo llegar a ser el número uno de América.

Fotos: Nova Press

1 How long has Julio Iglesias been living in his new house?
2 Where is its exact location?
3 What facilities for sport are there?
4 Name four attractive features about the house.
5 What are the problems of being a famous singer and what is Julio Iglesias' next ambition?

P

¿Si tuvieras muchísimo dinero, cómo sería la casa de tus sueños?
Compárala con la de tu pareja de clase.

The second article is about the design of a house of the future.

Será el hogar del futuro
Xanadú, una casa con cerebro

Sí, el cerebro de esta casa puede cerrar puertas, encender las luces, idear un menú o hacerte una masaje sin que tengas que mover ni un músculo. Es la casa del futuro que ya se ha construido en el presente, llena de comodidades, pensada para una vida mejor. Porque los avances tecnológicos no sólo sirven para construir cohetes espaciales, sino para conseguir una mañana mejor, a partir de ahora mismo.

EMPIEZA el día y mientras la mayoría de habitantes del Planeta continúa durmiendo, una maravillosa construcción de nuestra época, una casa con cerebro construida en el Estado norteamericano de Florida, se prepara para empezar una dura jornada de trabajo. El sistema de tuberías es correcto y la presión del agua la adecuada. La temperatura es perfecta y todas las ventanas y puertas están cerradas mediante accionismos de seguridad. Y es que esta casa llamada Xanadú, dispone de un control de memoria, de un cerebro programado para convertirse en el mejor amigo del hombre.

Su creador, el arquitecto Roy Mason, es un hombre que sólo piensa en el futuro; tanto es así que es el editor de una revista llamada «El futurista». Pero sus ideas no sólo son sueños, ya que él acaba de construir la casa más inteligente del mundo, con las ideas más avanzadas y la tecnología más completa, todo por 200.000 dólares (unos 30 millones de pesetas), aunque Mason predice que a finales de siglo podrá comprarse cuatro veces más barata, por unos 50.000 dólares.

El dormitorio principal de Xanadú consta de una cama circular, situada junto a una pantalla gigante que ocupa toda la pared. Desde el lecho se puede controlar el resto de la casa, o la misma temperatura de la cama si se tiene frío o calor, y todo ello sin necesidad de que la calefacción funcione en el resto del edificio, para ahorrar energía. En las habitaciones de los niños hay pequeñas pantallas o minicomputadores muy útiles para que el pequeño pueda grabar las lecciones que más le interesen, o practique divertidos juegos electrónicos. La cama de los chicos se mete dentro de la pared apretando un botón, y la habitación queda durante el día como una sala de juegos.

Este maravilloso edificio parece sacado de un cuento de hadas, pero se trata de Xanadú, la casa del futuro construida por el arquitecto norteamericano Roy Mason. Todas las habitaciones del edificio están regidas por pequeños cerebros que ayudan a vivir mejor a los humanos.

Vivir en otra época

Pero es en la cocina, sobre todo, donde Xanadú parece que estés viviendo en otra época. Un dietario electrónico puede elaborar menús con platos bajos en calorías y hacer una lista diaria de los productos que se han de comprar. La comida, por supuesto, la cocinará un robot que también es capaz de limpiar el polvo y sacar a pasear al perro.

El creador de Xanadú, Mason, es un hombre que cree en un futuro mejor, con más tiempo para el ocio y para disfrutarlo en el propio hogar.

Cómodamente, puedes disfrutar de una suculenta comida japonesa o de un delicioso plato de pasta italiana; tan sólo necesitas programarlo en la pantalla-pared del comedor.

¿Y la sala de estar? No tiene una chimenea muy grande, pero dispone de un equipo electrónico con pantalla de televisión y video incluido, además de un archivo para discos y juegos. El sofá tiene una especie de sensores que seleccionan diferentes posiciones para estar cómodamente leyendo un libro o tumbarse para dormir una pequeña siesta.

El baño, apretando un pequeño dispositivo, puede convertirse en una sauna mediante calor seco y también dispone de una serie de aparatos que practican masajes sin que se tenga que mover ni un músculo.

Todas las habitaciones de Xanadú están computerizadas para que los miembros de una familia puedan desenvolverse solos cuando así lo deseen. De esta forma se evitan muchos de los conflictos que suelen darse entre padres e hijos, y se solventan los diferentes horarios que existen en una misma casa.

El creador de esta maravilla de la electrónica, Mason, cree que, en el futuro, la gente estará más tiempo en casa que en el trabajo. Y que los documentos podrán ser transferidos al trabajo desde el hogar, a través de las computadoras, o por video satélite. La casa será, pues, algo mucho más importante que un hotel de lunes a viernes; por eso, Xanadú es la casa que todo el mundo puede tener en el futuro, con toda clase de comodidades. Sólo falta que «Robutler», un robot casero, sea capaz de servir bebidas o de lavar los calcetines de los niños y luego colocarlos en su sitio. Porque lo ideal es vivir en una casa que sea algo así como un amigo con el que poder hablar.

Para Mason, Xanadú no es una fantasía, sino una forma de vida que puede implantarse para finales de esta década.

Texto: **M. E.**

Fotos: **Radial Press**

---

1 Is the house of Xanadu already in existence or is it mere fiction?

2 Where is the central-heating control?

3 Name two special features in:
   a) the children's bedrooms
   b) the living room.

4 How does Roy Mason justify his design?

E21

Your penfriend's cousin, who lives in the north of Spain, has been staying with you in Toledo for a short holiday. He wants to take back some plants or seeds as a memento. You all read this article for some advice.

1 What is the first suggestion given for a 'living memory'?

2 What other alternative is given?

3 What advantages does this have?

4 How should you choose, wrap and carry seeds?

5 If you opt for plants, what instructions should you be sure to follow:

    a) for choosing them

    b) for transporting them

    c) for planting them

    d) for after-care?

P

¿Te gustan las plantas? ¿Encuentras fácil cuidarlas o a veces olvidas regarlas?

PLANTAS

Un recuerdo vivo de las vacaciones

En verano aprovecha para coger plantas nuevas.

Una buena manera de recordar unas fantásticas vacaciones es traerte una planta que, convenientemente trasladada y cuidada, te evocará momentos dichosos. Pero ten mucho cuidado de elegir plantas que tengan asegurada su reproducción al ser muy abundantes. Recuerda que hay especies protegidas por ley y que no se trata de arrasar un patrimonio natural que nos pertenece a todos.

Optar por traerte semillas es la mejor solución. Son fáciles de transportar y tienen la ventaja de la duración. Debes elegir una planta con la flor ya marchita, en cuyo interior encontrarás una especie de bolsa donde están las semillas. Sólo debes cogerlas si están maduras, secas y oscuras. Envuélvelas en papel de aluminio y en el viaje llévalas en un lugar seco y oscuro.

En esta época sólo debes coger esquejes de plantas perennes; con los de hoja caduca no conseguirás nada. Los esquejes tienen que tener el tamaño de una palma de la mano. Se cortan por debajo de los nudos y al bies. Lo mejor es cortarlos poco antes de la partida. Envuelve la parte del tallo que no tenga hojas en un paño húmedo, cúbrelo con un plástico y mételo en una caja. Evita

Hay muchas variedades de crisantemos. Elige el que más te guste.

que tengan exceso de calor y corrientes de aire. Procura llevarte también un poco de tierra de la zona para que noten menos la diferencia. Recuerda que la planta que en zona húmeda es de exterior, en zona seca suele ser de interior.

Si optas por plantas, cógelas pequeñas y saca todas las raíces. Puedes transportarlas

Los crisantemos son muy aptos para transportar.

en macetas o envolver el cepellón en turba y luego en plástico. Durante el viaje evita la desecación y riégala cuando sea necesario. Trasplántala con algo de tierra de la zona. Durante unas semanas evita que le dé el sol y las corrientes. Es probable que pierda algunas hojas, pero no la cambies de sitio para evitarlo.

C Los animales domésticos

E22

How should you proceed when entering a house with one of these notices outside?

¡¡ATENCION AL PERRO!!

Cuidado con el Perro

E23

Many Spanish households have birds as pets. Which two birds are mentioned here?

PERIQUITOS

Vendo loros. Buen precio.

E24

You have pets at home and your Spanish friend has persuaded her parents to let her have one. You both consult the classified advertisements in *Primeramà* (similar to *Exchange and Mart*) to get some ideas.

1 Why would the two-month-old kittens be a good idea for someone without much money? But what must you be able to prove?
2 Which telephone number would be useful if you had already bought a rabbit?
3 A dog that could be a pet and also guard your house might be a good idea. Which number would you ring and how could you be sure that the dog would be a good buy?
4 Apart from the pets that are being given away, which would be the cheapest?

MUNDO ANIMAL
OFERTAS

VENDO cachorros de Snauzer gigante, negro. 25.000 ptas. Tel.660 21 60.
HAMSTERS a 75.-ptas. varios colores. Tel.334 74 66.
MASTINES de león, guarda defensa, cachorros. Gran pedigrée. Tel.751 74 57.
VENDO Mastines de león y dos hembras. Tel.340 02 78.
PARTICULAR vende 2 perritos Yorkshire Terrier, ideal para compañia o criar. Buen precio. Tel.437 47 69.
VENDO gatos persas muy baratos, buen pedigrée. Padres extranjeros a la vista. Tel.699 22 22.
PERRITA extraviada por la zona de Lesseps. Estatura mediana de color gris oscuro. Orejas de punta y morrito largo y estrecho, entiende por el nombre de Estrella. Tel.310 69 31.
VENDO 5 gatos siameses, 3 machos y dos hembras de 4 meses a 2.000 ptas. Tel.692 47 95.
REGALO gatitos de dos meses a personas que los quieran cuidar, son preciosos. Tel.346 29 18.
GRANJA cunicola en cerdanyola da abonos. Tel.200 13 13.
VENDO 27 jaulas de conejos en buen estado. Buen precio. Tel.560 35 15.
MARAVILLOSA camada cocker Spaniel inglés color dorado padres a la vista machos y hembras 25.000.

P

¿Tienes un animal en casa? Descríbelo para que tu pareja de clase pueda dibujarlo.

E25

You and your friend decide that, since people sometimes give animals away to good owners, you will advertise.

Take a look at what some people have written to plan your own advertisement.

1 What kind of cat basket does the first advertiser want?
2 What type of deal are the second and last advertisers seeking? What kind of pet are they hoping to own?
3 Which number would you phone if you had a spare fish tank?

DEMANDAS

ME URGE comprar cesta para gato que se cierre. Tel. 325 72 69.

ME gustaría que me regalaran canario (si es posible holandés). Tel. 417 12 60.

COMPRO acuario 200 l. barato. Tel. 211 40 28.

BUSCO trabajo relacionado con los caballos. Tardes. Tel. 217 19 70.

DESEARIA me regalaran un peri-quito. Tel. 377 48 51.

P

Con tu pareja de clase, decidid qué animal queréis y escribid un anuncio.

LA MODA CANINA INVADE LAS PLAYAS DEL REINO UNIDO

Stephanie Hike, diseñadora británica de moda canina, espera que su última creación, las camisetas veraniegas para perros, inunden este año las playas elegantes del Reino Unido y Europa.

Hike, que tiene su taller en la ciudad británica de Brighton, afirma que está recibiendo una auténtica avalancha de pedidos para sus camisetas caninas, que se fabrican en dos modelos: una «estilo abeja», en rayas amarillas y negras, y otro marinero, en rayas azules y blancas.

La diseñadora afirma que para sus creaciones se inspiró en un perro así que vio en una playa de Ciudad del Cabo. Las camisetas caninas se fabrican en tallas que van desde la valedera para un pequeño chihuahua hasta la de un gran setter y están confeccionadas en tela elástica de algodón.

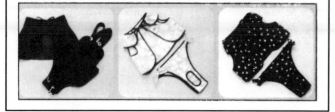

E26

Your Spanish friends know that England is a nation of dog lovers so they send you this article. Is it serious?

1 Which season is the 'dog fashion' designed for?
2 Has the designer had much response to this idea?
3 Which two styles and colours are available?
4 Where does the designer say that she got her idea from?

P

¿Qué te parece 'la moda canina'? ¿Te parece razonable, divertida, ridícula. . . ?

Chapter 2
La vida en el colegio

Al acabar las vacaciones en España, te das cuenta de que tú y tu amigo(-a) español(-a) tenéis que volver al colegio. Naturalmente empiezas a descubrir diferencias entre los dos sistemas escolares...

A Documentos escolares

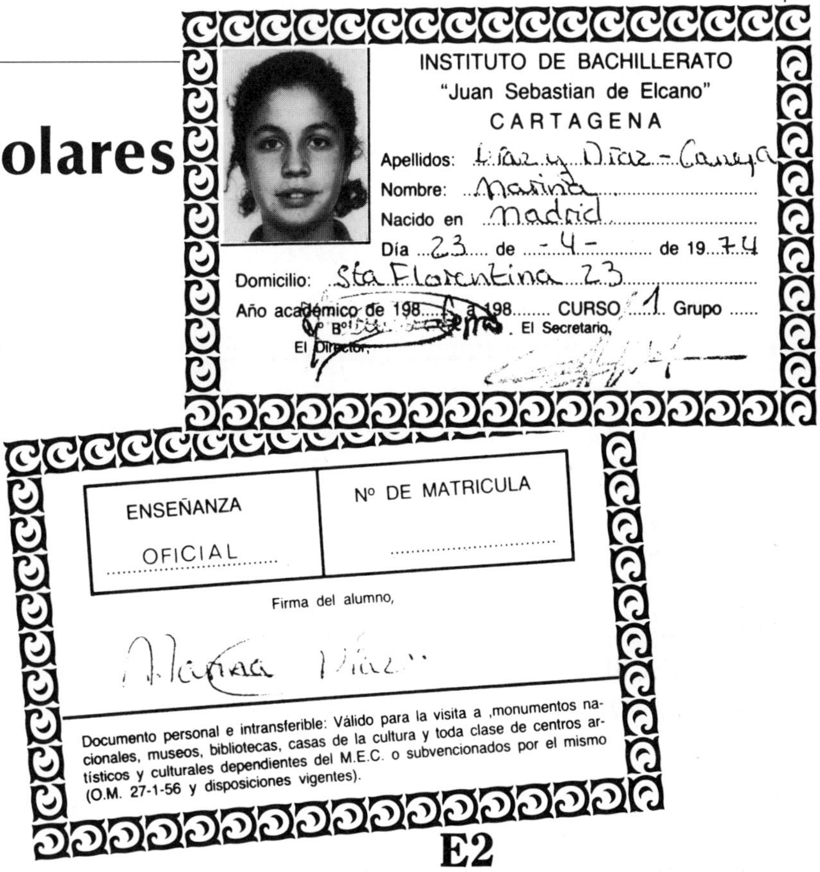

E1

Here is a pupil's identity card. Which of the following points of information does it contain?

Information	Yes	No
Date of birth		
Name of the school		
Home telephone no.		
Home address		
School telephone no.		
Head teacher's signature		
Pupil's signature		
Place of birth		
Parents' names		
Non-transferable		
Pupil's first name		

INSTITUTO DE BACHILLERATO
"Juan Sebastian de Elcano"
CARTAGENA

Apellidos: Díaz y Díaz - Careya
Nombre: Marina
Nacido en: Madrid
Día 23 de - 4 - de 19 7 4
Domicilio: Sta Florentina 23
Año académico de 198... a 198....... CURSO 1 Grupo .....
Vº Bº El Director, El Secretario,

ENSEÑANZA OFICIAL

Nº DE MATRICULA

Firma del alumno,

Documento personal e intransferible: Válido para la visita a ,monumentos nacionales, museos, bibliotecas, casas de la cultura y toda clase de centros artísticos y culturales dependientes del M.E.C. o subvencionados por el mismo (O.M. 27-1-56 y disposiciones vigentes).

It is also valid for certain activities. Which ones?

Activities	Yes	No
Visits to museums		
Swimming		
Arts Centre		
Library membership		
Sports centre access		

P

¿Te parece útil tener un documento escolar parecido? ¿Para qué puede servir?

E2

Here is a list of subjects which your penfriend's brother studies.

Ciencias Naturales	Latín
Matemáticas	Inglés
Lengua Española	Música
Ciencias Sociales	Dibujo y Pintura

Compare his subjects with the list below. Which does he study?

	Yes	No
Music		
French		
Social Studies		
Religious Education		
Mathematics		
English		
CDT		
Science		

E3

Your penfriend's sister shows you her old school report.

REGISTRO ACUMULATIVO **BACHILLER**

COLEGIO "NTRA. SRA. DE LA CONSOLACION"

Alumna _RUEDA DE LA PUERTA, Mª CARMEN_

Fecha de nacimiento _9-4-64_ Lugar _Madrid_

Domicilio _Avda Alfonso XIII nº 151_

Nombre del padre _Guillermo_ Profesión _Funcionario_

Nombre de la madre _Mª Carmen_ Profesión _SL_

N.º total de hermanos _3_ Varones _2_ Hembras _1_ Lugar que ocupa _2º_

Fecha de ingreso en el Colegio _Septiembre 1978_

Procedencia _Colegio Ntra Sra de la Merced_

Fecha de baja en el Colegio

PRIMER CURSO Año 19 _78_ -19 _79_	1.ª Evaluac. _3-11-78_			2.ª Evaluac _16-12-78_			3.ª Evaluac. _17-2-79_			4.ª Evaluac. _21-4-79_			5.ª Evaluac. _2-6-79_			Junio _29-6-79_	Septbre.
	Con.	Ac	A.G.	Con	Ac.	A G	Con.	Ac.	A.G	Con.	Ac.	A.G.	Con.	Ac.	A.G.		
Lengua Española	I	C	I	B	B	B	B	C	B	Su	C	Su	Su	C	Su	Bien	
Lengua Extranjera	So	C	So	So	C	So	So	B	So	So	B	So	So	B	So	Sobresaliente	
Dibujo	N	B	N	So	C	So	So	B	So	So	B	So	B	B	B	Sobresaliente	
Música y A. Art.	B	C	B	B	C	B	So	B	So	So	A	So	N	B	N	Notable	
Historia de las Civ.	Su	B	Su	B	C	B	B	C	B	Su	C	Su	Su	C	Su	Suficiente	
Formación Religiosa	B	C	B	N	C	N	N	C	N	N	B	N	N	B	N	Notable	
Matemáticas	So	B	So	So	B	So	N	B	N	N	B	N	N	B	N	Notable	
Ciencias Naturales	B	C	B	I	C	I	I	C	I	B	B	B	Su	C	Su	Suficiente	
Ed. Física y Deportes	N	C	N	So	B	So	So	B	So	So	B	So	So	B	So	Sobresaliente	

NOTABLE

1 Where was María del Carmen born?
2 How old was she when she entered the school?
3 Which were her best subjects by the end of her first school year?

E4

Here is María del Carmen's school report for the following year.

SEGUNDO CURSO Año 19 _79_ 19 _80_	1.ª Evaluac. _27·X·79_			2.ª Evaluac. _15·XII·79_			3.ª Evaluac _16·II·80_			4.ª Evaluac _18·IV·80_			5.ª Evaluac. _25·III·80_			Junio _25·VI·80_	Septbre
	Con	Ac.	A.G.	Con	Ac.	A.G	Con	Ac.	A.G.	Con	Ac	A.G	Con.	Ac.	A.G.		
Lengua Española	Su	C	Su	B	C	B	N	C	N	Su	C	Su	B	C	B	Bien	
Latín	N	B	N	B	B	B	I	C	I	B	C	B	B	B	B	Bien	
Lengua Extranjera	N	C	N	S	C	S	S	D	N	S	C	S	S	C	S	Sobresaliente	
Geografía	N	C	N	B	C	B	B	C	B	N	C	N	N	C	N	Notable	
Formación Religiosa	N	B	N	N	C	N	N	C	N	N	C	N	B	C	B	Notable	
Matemáticas	B	C	B	N	C	N	B	C	B	B	C	B	S	C	S	Notable	
Física y Química	N	C	N	Su	B	B	I	B	Su	I	C	I	Su	C	Su	Suficiente	
Ed. Física y Deportes	S	B	S	S	B	S	S	B	S	S	B	S	S	B	S	Sobresaliente	
E. A. T. P.	B	B	B	N	B	N	N	B	N	N	B	N	N	A	N	Sobresaliente	

C. 9: NOTABLE

1 What additional subjects did she take?
2 Which subjects did she drop?

B De vuelta al colegio

E5

What does María del Carmen's good school report qualify her for at this shop?

E6

Your penfriend's parents are getting things ready for the new term. You are surprised to notice that the pupils have to supply their own books! How do the parents go about buying them?

1 What are the advantages of this system and why are they ordering so early?
2 Which four details about the books must the parents note down?
3 When must they pay for the books?
4 Give two ways in which they can pay.

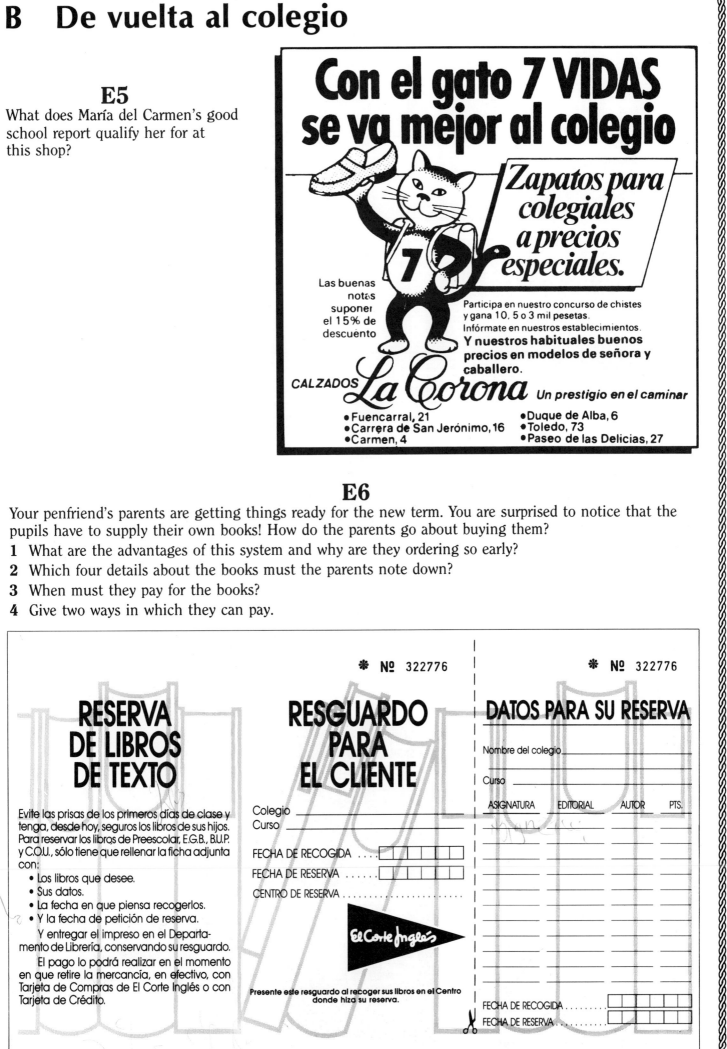

E7

In Spain, there are private and state schools and you can often see advertisements for these in papers and on buildings. Here is a selection. Which institution (or institutions) **A, B, C, D or E:**

1 offers driving lessons
2 takes infants only
3 boasts sports facilities
4 specialises in computing
5 accepts boarders
6 teaches secretarial skills?

COLEGIO ELISABETH - SALOU

PARA SU HIJO/A CURSO 84/85

- Enseñanza Individualizada.
- Pedagogía Activa.
- Enseñanza en Castellano y Catalán.
- Gabinete de Psicología.
- Aula de Educación Especial y Reforzamiento.
- Actividades Deportivas y Extraescolares.
- Actividades con grupos reducidos.

* JARDIN DE INFANCIA 2-3 años.
* PARVULARIO.
  Ciclo inicial.
* EGB Ciclo medio.
  Ciclo superior.
* BUP Homologado.

SERVICIOS: * Pista polideportiva.— * Gimnasio.— * Comedor. Media Pensión.

Transporte: Línea A: Hospitalet - Cambrils - Vilafortuny - SALOU Línea B: Tarragona - Vilaseca - SALOU.
INFORMACION E INSCRIPCIONES: en el mismo Centro, de lunes a viernes, de 9 a 13 y de 15 a 16 h.
Teléfono: 38 21 23 -- Autovía Vilaseca - SALOU (a 200 mts. Plaza Europa)

C

D

A

E

Super Cole

SEGUNDO HOGAR PARA SUS HIJOS

- **Edad de 0 a 6 años.**
- **Abierto: 7 a 21 h.**
- **Maternal - Preescolar - Jardín**
- **Plazas limitadas**
- **Permanencias regulares y por horas**
- **Comedor con control dietético**
- **Personal titulado**

Avda. Joan Miró, 116 (El Terreno) Tel. 28-98-56
PALMA

B

SCAL - MAGALUF
MALLORCA - CALVIA - TEL. 68 38 56

UN COL.LEGI NOU   UN COLEGIO NUEVO

25 ALUMNOS POR CLASE

IDIOMAS - INFORMATICA - DEPORTES - GRANJA EXPERIMENTAL

PEDAGOGIA VIVA

JARDIN DE INFANCIA - PARVULARIO
RESIDENCIA FEMENINA Y MASCULINA
E.G.B. - B.U.P. - C.O.U. **F.P. Administrativo - Informática**

PROXIMO CURSO: Información: Ctra. Cala Figuera, 30-A - Tel. 683856

20

clan TV TUS HIJOS

ELEGIR EL MEJOR COLEGIO

La elección del colegio de tus hijos es una decisión importante. Los niños van a pasar allí la mayor parte del día y es necesario que se sientan a gusto para que disfruten aprendiendo. Los padres tienen la responsabilidad de informarse y seleccionar de forma adecuada el lugar donde recibirán una parte, muy importante, de su educación.

Lo mejor es seleccionar varios colegios e ir personalmente a visitarlos. Habla con el director y algunos profesores. Ellos podrán explicarte el tipo de modelo didáctico que aplican, cómo organizan las clases y las horas de recreo, qué reglas se siguen y cómo se ocupan del seguimiento de los niños.

Las instalaciones deben estar pensadas para niños. Estos necesitan sitio para moverse y poder jugar. Escoge un colegio con amplias zonas de recreo tanto interiores como exteriores. Tienen que estar cuidadas y ser seguras. Las aulas deben ser amplias y con mucha luz, con muebles que se puedan mover, para que el profesor pueda organizar juegos o actividades en un espacio amplio. Habrá clases en las que se agruparán en equipos o algún día pueden decidir organizar un juego sentados en el suelo. Esto no se puede hacer en las tradicionales aulas con los bancos en hileras clavados en el suelo. Un factor fundamental a tener en cuenta es el número de alumnos por clase. No te fijes en el total de alumnos del colegio, sino en cuántos le corresponden a cada profesor. Cuanto más masificada está una clase menos atención se puede prestar a cada niño. No debe sobrepasarse la cifra de 35 alumnos por profesor.

La educación, hoy, se basa en muchos casos en la realización de trabajos específicos sobre un tema, y cuando los niños son pequeños, en juegos y manualidades. Fíjate en el material con el que cuenta el colegio. ¿Tiene una buena biblioteca? ¿Ves juegos de material didáctico en las clases? ¿Se incluye en el programa de clase la informática, los idiomas, etcétera? Todas estas preguntas debes tenerlas en cuenta.

Si tu hijo va a quedarse a comer en el colegio te interesa saber las características de los menús. Comprueba también la limpieza de los comedores y las cocinas.

Lo importante es que te lleves una buena impresión del centro, que veas a los alumnos contentos y que sepas que vas a poder participar en la educación de tus hijos con sugerencias y reuniones con el director del centro, los profesores y otros padres de alumnos.

OPINION DEL EXPERTO
Cómo elegir el colegio de tus hijos

Elegir colegio para los hijos es un problema que muchos padres se plantean todos los años. Con la entrada en vigor de la LODE, han quedado establecidas las normas básicas para regular la admisión de alumnos en los colegios públicos y privados con subvenciones estatales.

El asesor ejecutivo del Ministerio de Educación y Ciencia Lázaro González, nos informa de las pautas que se siguen a la hora de admitir alumnos.

¿Cuál es el trámite para solicitar plaza en un colegio?

Todos los centros escolares que reciben fondos públicos cuentan con un consejo escolar que tiene unos criterios de admisión homologados. Si sobran plazas en un colegio, no hay problema; se acepta a quien lo solicite sin más. En caso contrario, se da prioridad al niño que vive más próximo a ese colegio, al que tenga más dificultades económicas y al que tenga hermanos en el mismo centro. Por ejemplo, entre dos niños que viven en el mismo barrio y que solicitan plaza en el mismo colegio, se acepta al menos favorecido económicamente. También se tienen en cuenta circunstancias como que el padre esté en el paro o que haya minusválidos en la familia, por citar algunos casos.

Los padres deben presentar en el colegio objeto de sus preferencias una solicitud de plaza, señalando también los dos colegios siguientes que más les agradarían para su hijo. Los no admitidos por las razones de prioridad que hemos señalado anteriormente, optan por el segundo colegio solicitado, y en último extremo por el tercero.

¿Qué sucede en el caso de que no consigan plaza en ninguno de los colegios?

Ningún niño se puede quedar sin colegio; por ello, la Dirección Provincial del Ministerio de Educación a que corresponde la zona donde vive el alumno debe resolver el problema, incluso estableciendo dobles turnos en los colegios de modo provisional.

Here are two articles on schools. The first deals with what to look for in a school; the second outlines your rights of choice.

E8

1 How should we find out about the atmosphere in a school?
2 What information should be obtained?
3 What are the characteristics of the internal amenities and facilities of a good school?
4 Which is the more important to consider: class size or school size?

E9

1 In what ways do the most popular schools give priority in accepting pupils?
2 How many schools must be on the parents' shortlist?

P

a ¿Qué opinas de tu colegio?
b ¿Cómo elegiste tú (o eligieron tus padres) el colegio donde estás actualmente?

Choosing a school is fine if there are enough places! This article gives the views of the Spanish Department of Education and Science (MEC) for the Balearic Islands.

El MEC asegura que ningún estudiante de Baleares se quedará sin plaza escolar

Hoy comienza el definitivo período de inscripción en los distintos centros estatales

El Ministerio de Educación y Ciencia asegura que todos los estudiantes de Baleares tendrán una plaza escolar durante el curso 88-89. Hoy se ha abierto el último período de inscripción en los distintos centros estatales de la comunidad autónoma, cuando sólo faltan 15 días para que den comienzo las clases. En cuanto a BUP, que comenzará el 3 de octubre, el MEC teme que se produzca un cierto descontrol por la duplicidad de solicitudes.

● *Plazas para todos.—* La Delegación Provincial del MEC dice que este año habrá plazas para todos los estudiantes de Baleares.

La duplicidad de solicitudes en BUP puede provocar el descontrol pocos días antes del inicio de las clases

Juan Mestre

Los estudiantes de Baleares que no dispongan de una plaza podrán inscribirse, desde hoy hasta el 6 de septiembre, en los mismos centros estatales de cara al curso, que, en EGB, dará comienzo el próximo 15 de septiembre. El MEC asegura que ningún alumno de las Islas se quedará sin plaza durante el próximo año académico, pero que pueden existir complicaciones para los alumnos de BUP. «También se producirán algunos problemas en Preescolar para niños de 4 años, aunque esta fase todavía no está incluida en la escolarización obligatoria», explicaron en el área de escolarización.

Sólo en Palma, según Pere Carrió, jefe de Escolarización, los estudiantes deben pugnar por una plaza en el instituto o colegio que hayan elegido previamente. «En los pueblos existe una relación entre la oferta y la demanda, pero en Palma, al existir numerosos centros, los estudiantes intentan acudir al mejor».

Los portavoces del MEC también reconocieron que el aumento de plazas escolares había sido mínimo para el curso 88-89. Mientras que en EGB sólo se han creado 300 plazas para la transformación experimentada en el colegio público de Son Gotleu, los centros de enseñanzas medias no han variado su capaci-

dad con respecto al pasado curso. «Este año hay 250 alumnos de EGB menos que quieran pasar a BUP, con respecto al pasado año», aseguró Pere Carrió, jefe de Escolarización. No obstante, los institutos Joan Alcover y Ramón Llull no disponen de una sola plaza desde hace varios meses. «Existe una gran demanda para estos dos centros y, además, la mayoría de estudiantes pretende tener el horario escolar dividido. Está claro que no todos tendrán esta posibilidad», añadió.

Según el área de Escolarización del Ministerio del Educación, durante el pasado curso un total de 100 estudiantes de Enseñanzas Medias tuvo problemas para conseguir una plaza escolar. Al final, la Delegación Provincial y la propia iniciativa de los solicitantes al recurrir a centros privados propiciaron que todos los estudiantes tuvieran cabida en el curso 87-88. Por otra parte, más de un 50 % de los alumnos de BUP y COU de Palma elige, pese a todo, los centros privados para realizar sus estudios. «Como último extremo, los alumnos pueden recurrir a la Enseñanza a Distancia, ya que Baleares cuenta con un centro que funciona perfectamente», indicó Pere Carrió.

Formación Profesional

Formación Profesional,

además de convertirse en la alternativa para los que quieran continuar en Enseñanzas Medias sin estudiar BUP, se ha convertido en el salvavidas del Ministerio de Educación y Ciencia para recolocar a aquellos estudiantes que no han podido satisfacer sus inquietudes sobre la elección de un determinado centro. En estos momentos, sólo la especiali-

dad de Administrativo presenta problemas al MEC. «Existen plazas, pero se da el mismo caso que en los institutos: los alumnos quieren un centro, una especialidad y una rama concreta».

COU y los repetidores

En COU, los alumnos

son exigentes a la hora de elegir un centro estatal, según Pere Carrió. Además, el curso previo a la Universidad ofrece más dificultades a los responsables de Enseñanza por culpa del gran número de estudiantes que deben repetir el curso escolar. «Hasta la fecha en que se facilitan los resultados de septiembre, un estudiante tiene la posibi-

lidad de acceder a un centro determinado para cursar COU», dijo.

Más profesores para las mismas plazas

Baleares, a pesar de disponer para el curso 88-89 las mismas plazas que el pasado año académico, se verá reforzada con 150 profesores más, la mayoría interinos. El MEC, además, deberá esperar la reacción del resto del profesorado que tuvo la oportunidad de participar en las huelgas del curso 87-88. «Han quedado temas pendientes y el 80 % del profesorado ha recurrido los descuentos aplicados por la Delegación Provincial», explicaba un representante sindical. Sin embargo Andreu Crespí, está convencido de que el curso 88-89 será «tranquilo».

Censo escolar de Baleares		
	(Col. público)	(Col. privado)
Preescolar	8.370	11.587
E.G.B.	53.964	43.359
B.U.P.	10.806	6.201
C.O.U.	2.358	1.359
F.P.	8.495	2.866
Educación Especial	939	756
Total		131.695 alumnos.

List which of the following statements are true according to the article and table of facts.

1 There are more children under six in private schools than in state schools.

2 There are more children of compulsory school age in state schools.

3 There are not enough places for students of EGB wishing to attend school.

4 The schools of Joan Alcover and Ramón Llull still have places.

5 More teachers are being recruited for the academic year 1988–9.

C Clases complementarias

Here is a list of private tutors offering their services. Which telephone number would your Spanish friend ring if he/she wanted:

1 to learn English with a native speaker

2 an introduction to computing

3 classes with a qualified teacher of Latin

4 a course in typing which guaranteed results

5 guitar lessons?

BOLSA DE LA ENSEÑANZA

21 ACADEMIAS

INFORMATICA, clases individualizadas, ordenador por alumno, comienzo diario. Ensenanza Audiovisual, S.A. Velázquez, 37.2767538.

MECANOGRAFIA, taquigrafía, secretario, cursos de 14-30-60 días. Comienzo diario. Velocidad garantizada. Enseñanza Audiovisual, S.A. Velázquez, 37.2767538.

22 BACHILLERATO

MATEMATICAS, Universidad, COU, BUP. 7052124.

LATIN, griego. 4479864.

MATEMATICAS, Empresariales. 2592129.

MATEMATICAS, Física, ingeniero, Arturo Soria. 7592102.

LICENCIADO latín, griego. 4682848.

23 IDIOMAS

LISTEN & LEARN: inglés, francés, español, recuperaciones, inglés infantil. Narváez, 15. 2762528.

INGLES nativo. 2709404.

INGLES, experiencia. 4691085.

24 VARIOS

GUITARRA, piano, solfeo. 4010798.

P

¿Disfrutas de algunas clases particulares, por ejemplo, de baile, instrumento musical, deporte. . . ?

E12

You know – after all, you are learning Spanish! – how important it is to be able to speak another language. Here are some classified advertisements to which your Spanish friends might reply for lessons in a foreign language. Which telephone numbers would they ring if they wanted:

1 to learn French for business purposes and a chance to stay with a French family

2 to learn German in a small group

3 to practise conversational Arabic?

P

a ¿Estudias otro idioma además del español; por ejemplo, francés, alemán. . . ?

b ¿Cuáles son las asignaturas que estudias en este momento? ¿Cuáles prefieres? ¿Por qué?

c ¿Sueles recibir malas o buenas notas? ¿Qué haces para mejorar tus notas?

ENSEÑANZA

IDIOMAS

EMPRESAS
Idiomas para empresas. Inglés, francés, alemán, español. CEE Idiomas. Posible alojamiento en familia. Infantas, 5.
☎ 222 18 75.

IDIOMAS
Inglés, francés, alemán, español para extranjeros. Clase diaria, 3.800 pesetas mes. CEE Idiomas. Infantas, 5.
☎ 221 10 04.

INGLÉS
Vox. Gran Vía, 65.
☎ 247 19 60.

INGLÉS
Grupos reducidos, todos niveles, profesorado británico, método directo. También clases para niños. Oxfordcentres. Cuatro Caminos, 8 (metro Cuatro Caminos).
☎ 253 63 64.
San Bernardo, 97 (metro San Bernardo).
☎ 593 17 07.

ÁRABE
Audiovisual. Por correspondencia.
☎ 91/287 07 40.

IDIOMAS
Ruso. Didacta. Argüelles.
☎ 889 68 06.

Árabe. Conversacional.
☎ 296 04 81.

Francés. Todos niveles.
☎ 247 09 50.

Inglés, nativo.
☎ 420 41 70/470 25 26.

Inglés, nativo. ☎ 551 62 98.

Inglés, francés. Zona centro. Método moderno. Grupos reducidos. Garantizamos aprendizaje.
☎ 221 04 10, 19-22 horas.

IDIOMAS-SERRANO
Inglés, francés, alemán, español. Profesorado nativo titulado. Serrano, 68.
☎ 275 59 80.

FRANCÉS
Abdera. ☎ 449 17 08.

ALEMÁN
Abdera. ☎ 449 55 70.

INGLÉS
Clases diarias alternas. Todos los horarios. Abdera. Andrés Mellado, 88 (Moncloa).
☎ 449 19 33, 449 54 99.

MARSHALL
Idiomas. Rios Rosas, 36.
☎ 442 95 66.

APRENDA
hablando. Curso intensivo inglés, francés, alemán. Desde 6.950 pesetas. Auvisa, Príncipe de Vergara, 55.
☎ 262 43 20, 262 95 00.

Ingles. Hora diaria, 4.9000 mensuales. Delfinmarshall.
☎ 581 74 65.

ALEMÁN
Método moderno, grupos reducidos garantizan máximo aprovechamiento. Grupos todos los niveles. Centro Hispano Alemán ISD, Gran Via, 40.
☎ 231 76 16/25.

INGLÉS
Profesores nativos. Grupos reducidos. Video. Anglia. Montesa, 35.
☎ 401 08 94, 401 06 12.

E13

However, as you will have noticed from the advertisements, more Spaniards want to learn English than any other language. Your penfriend's parents ask you for your opinion on some courses in England and you give them some ideas.

1　Which group will you recommend if they want a summer course for their 13-year-old and their 16-year-old in August with classes every day?

2　Give a brief description of the location.

CURSOS PARA JOVENES

Descripción

Se trata de grupos que van acompañados por personal seleccionado pcr International House. Los grupos constan de aproximadamente 20 personas y viajan en avión (incluido en el precio).

Los Centros

HEREFORD - es una ciudad de unos 50.000 habitantes en el oeste de Inglaterra, a pocos kilómetros de la frontera galesa. Situada sobre el Río Wye, es una antigua ciudad fundada en el siglo VII por los sajones. Tiene una famosa catedral y varios monumentos históricos. Es capital del condado del mismo nombre, considerado como uno de los más representativos de la bucólica y verde campiña inglesa. Las clases se imparten en el Herefordshire Technical College en una tranquila zona residencial cercana al centro de la ciudad.

RICKMANSWORTH - Antiguo pueblo típico que se ha convertido en los últimos 50 años en una elegante ciudad-residencia de Londres. Aunque se encuentra a 40 km. del centro de Londres, está bien comunicado por metro. Dista pocos kilómetros del aeropuerto de Heathrow, pero al mismo tiempo en cinco minutos uno puede estar en el delicioso paisaje de las colinas de Chiltern.
Las clases se imparten en una escuela de la ciudad.

TUNBRIDGE WELLS - Royal Tunbridge Wells (58.000) se encuentra situada a mitad de camino entre Londres (58 Km.) y Hastings en la costa sur (45 km.). Es una ciudad de elegantes casas, jardines, parques y paseos donde solía acudir con frecuencia la familia Real. Las clases se imparten en el bien equipado Adult Education Centre en el centro de la ciudad. Muy cerca de él hay el Centro Deportivo de la ciudad, el cual dispone de excelentes instalaciones.

Las clases

Las clases se hacen a razón de 3 horas diarias, de lunes a viernes en Rickmansworth y 4 días en Hereford y Tunbridge Wells. Las tardes los alumnos participan en actividades conjuntas tales como deporte, inglés mediante el teatro, visitas a lugares de interés, etc.

Estancia

La estancia se hace en familias que han sido seleccionadas con mucho cuidado. Todas las comidas, menos las de mediodía de lunes a viernes, se toman con la familia. Las comidas de mediodía se toman en la propia escuela o en algún restaurante cercano (incluido en el precio del curso). Los fines de semana se pasan en compañía de la familia.

Salidas programadas

Grupo A - Hereford
Fechas: 3/7 - 30/7
Duración: 4 semanas
Edad: 12 a 15 años
Precio: 170.000 ptas.

Grupo B - Rickmansworth
Fechas: 3/7 - 30/7
Duración: 4 semanas
Edad: 12 a 15 años
Precio: 165.000 ptas.

Grupo C - Tunbridge Wells
Fechas: 3/7 - 30/7
Duración: 4 semanas
Edad: 15 a 17 años
Precio: 170.000 ptas.

Grupo D - Rickmansworth
Fechas: 31/7 - 20/8
Duración: 3 semanas
Edad: 12 a 17 años
Precio: 140.000 ptas.

Grupo E - Rickmansworth
Fechas: 31/7 - 27/8
Duración: 4 semanas
Edad: 12 a 17 años
Precio: 165.000 ptas.

P

¿Tu amigo(-a) español(-a), ya ha estado en Inglaterra?

Eurocentro Madrid

Madrid, la capital en el centro de España. Madrid, un inmenso oasis en el corazón de España. Centro político y económico del país, engalanado con abundancia de jardines, avenidas y fuentes. Guardián del idioma castellano, y síntesis de las culturas regionales de toda España. Nuestra escuela, situada en el centro de la ciudad, vive a su ritmo: clases por la mañana, descanso a mediodía, y más clases y trabajo individual en el laboratorio y en el Centro de Recursos por la tarde.

Después, canciones, visitas al Prado (Goya, Velázquez, El Greco) o a cualquiera de los restantes museos de la ciudad, deportes; y excursiones a Toledo, Aranjuez, Andalucía, etc. Los profesores le ayudarán a descubrir Madrid y sus alrededores. Su material pedagógico constituye un puente entre la cultura española y el lenguaje actual.

A última hora de la tarde podrá disfrutar de la ciudad: las tiendas están aún abiertas, la gente llena las calles, y hay mucho por ver: cines, discotecas, teatros, librerías, y tascas que ofrecen deliciosas tapas. Podrá conocer a los españoles, su cultura y su lengua, hablada por casi 300 millones de personas y con una importancia creciente. Nosotros le enseñaremos cómo hacerlo.

Posibilidades de practicar los deportes siguientes en Madrid:

1	Cursos intensivos largos
2	Cursos intensivos cortos
3	Cursos de vacaciones
4	Curso de perfeccionamiento para profesores de español

Director:	J.A. Jiménez
Dirección:	Eurocentro Institutos Mangold S.A. Gran Vía 32–2° 28013-Madrid
Teléfonos:	(91) 231 4040 y (91) 222 8300
Telegramas:	Eurocentro Madrid
Télex:	22847

E14

You think that it would be a good idea to improve your Spanish by going on a course in Spain. After some discussion you decide on Madrid and then study some leaflets with your parents to make sure you find the type of course you need.

1 Which type of course will you opt for?
2 Where is the school situated?
3 What is said in support of the timetabling?
4 As well as classes, what else will the teachers do for you?
5 Name three attractions of Madrid.
6 Why would you say that Spanish is a language growing in importance?

P

a Habla con tu pareja sobre las ventajas de pasar las vacaciones en el extranjero.
b Lee algo sobre Madrid y Barcelona y decide de la ciudad que más te gustaría visitar y por qué.

Chapter 3
El mundo del trabajo

Si no andas listo(-a), la transición de la vida escolar al mundo del trabajo puede representar un salto al vacío. Vamos a echar una mirada al mundo laboral.

E1

Can you match up these job descriptions **1–9** with the signs **A–I**?

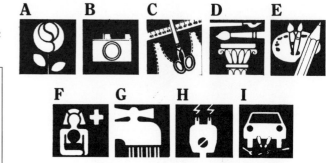

P

¿Qué te gustaría hacer en la vida después de terminar los estudios? ¿Cómo te enteraste de esto?

E2

What points in the following notice would be of interest to members of this union?

> **UNION GENERAL DE TRABAJADORES • FELANITX**
>
> **INFORMA**
>
> QUE EL LOCAL PERMANECERA ABIERTO CON EL SIGUIENTE HORARIO
>
> MARTES } DE 4 A 8'30 TARDE
> JUEVES }
>
> VIERNES DE 6'15 A 8'30 TARDE
>
> DOMINGO DE 9 A 1 MAÑANA (EXCEPTO FESTIVOS)
>
> **PARA SEGUIR LUCHANDO**
>
> DOMICILIO: C/. NUÑO SANS, 14 BAJOS
> TEL. 580007   FELANITX

P

¿Cuál es el papel de los sindicatos en el mundo de hoy?

---

1 MAESTRO ELECTRICISTA
La formación más completa en la rama eléctrica, que permite dirigir, coordinar y presupuestar trabajos, ocupando puestos de responsabilidad.

2 JARDINERÍA
Nuevo curso práctico de Jardinería. Se aprende: estudio de las plantas, tecnología, diseño y aplicaciones, prácticas e historia de la jardinería.

3 FOTOGRAFÍA
Revélese Ud mismo sus propias fotografías en blanco y negro y color, entregándose a una apasionante afición que puede ser – ¿por qué no? – una lucrativa profesión.

4 DIBUJO Y PINTURA
Penetre resueltamente en el maravilloso mundo del arte, con un Curso de método sencillo, cómodo y fácil de asimilar.

5 TÉCNICO EN REPARACIÓN DE AUTOMÓVILES
Su contenido es tan amplio que capacita para localizar y reparar todo tipo de averías (ya sean mecánicas o eléctricas).

6 PUERICULTURA
Por fin puede seguir este completísimo Curso que le proporcionará unos profundos conocimientos profesionales no sólo sobre Puericultura prenatal y Puericultura postnatal, sino también sobre Pediatría.

7 FONTANERÍA
Prepárese en la actividad profesional con mayores oportunidades para independizarse muy pronto y trabajar por su cuenta.

8 CORTE Y CONFECCIÓN
Un curso ideal para la mujer moderna. Aprenderá todo cuanto necesita saber para realizar toda clase de prendas.

9 DECORACIÓN
¿Se ha parado a pensar en lo que gana un decorador? Esta atractiva profesión, que permite armonizar formas, colores y conjuntos, le ofrece grandes posibilidades de promoción social y económica.

E3

Here are some advertisements for jobs from the classified columns. Study **A–D**. Which would you contact if:

1 you wanted a job which involved driving
2 you wanted to earn some holiday money
3 you fancied a practical training
4 you liked the idea of working in an office?

A

SE NECESITA chica para peluquería agosto y septiembre. Llamar de 9 a 19 horas. Tel. 319 88 10.

B

HÁGASE reparador de lavadoras y frigoríficos – curso eminentemente práctico. C/Sagunto no. 48 Sans. Tel. 661 04 50.

C

¿DESEA ganar un dinero mientras conduce? Si su respuesta es afirmativa, escríbanos. Le proponemos un negocio muy rentable. Apdo. 681 08007 Barcelona.

D

SE NECESITA chica de 17 a 22 años, para coger recados por teléfono en despacho. Preguntar por Sr. Jordí. Tel. 333 17 49.

E4

Your penfriend's elder sister has done a nursing course. She sees an advertisement in the local paper.

ENFERMERA JEFE

SE NECESITA URGENTEMENTE

PARA CLÍNICA PRIVADA EN LA COSTA DEL SOL

Entrevistas en el hotel Los Galgos, lunes 29 y martes 30, de dieciséis a diecisiete horas. Preguntar por doctor Chaban.

1 In what part of Spain would she have to work?
2 Where will the interviews take place?

P

¿Trabajas los sábados o los domingos? ¿Dónde? ¿Cuánto ganas? Si no, ¿quién te da dinero para gastar?

Your penfriend's younger brother is very sporty. This club might suit him!
1 When and where should he go?
2 What will he be expected to do?

E5

HERCULES CLUB DE FUTBOL

Se convoca a **NIÑOS** con edades comprendidas **ENTRE 11 Y 12 AÑOS** ambas inclusives, para que se presenten el lunes día 22 de agosto a las 18 horas en las instalaciones del estadio Rico Pérez **PARA** ser sometidos a **SELECCION DEL FUTBOL BASE DEL HERCULES** Club de Fútbol.

LA JUNTA DIRECTIVA

P

¿En qué consiste el trabajo de enfermera y de futbolista? ¿Quién recibe más dinero? ¿Por qué?

E6

As well as your language studies, business and secretarial skills also appeal to you. You are interested to see what a senior secretary in Spain could aim at. Study the two advertisements (**A and B**).

A

EMPRESA MULTINACIONAL

PRECISA

SECRETARIA BILINGÜE

PARA CONSEJERO DELEGADO

SE REQUIERE:
- Formación a nivel de Bachillerato Superior.
- Experiencia mínima de cinco años como secretaria de alta dirección.
- Total dominio de castellano e inglés.
- Perfectas mecanografía y taquigrafía en ambos idiomas.
- Alto estilo de relación, amplio nivel cultural y elevado índice de profesionalidad.
- Experiencia en la utilización de procesadores de textos y dictáfono.
- Edad, alrededor de 30 años.

SE OFRECE:
- Integración en empresa sólida con oficina céntrica y bien comunicada.
- Retribución del orden de 2.100.000 Ptas., negociables según formación y experiencia.
- Incorporación inmediata a una empresa dinámica de ámbito internacional.
- Jornada laboral de lunes a viernes.
- Seguro de Vida.
- Ayuda adicional de comida.

Remitir "curriculum vitae" al Apartado Especial de Correos nº 94, F. D. de Madrid. Referencia: Personal.

(Ref. Goya 28.244.161-M008)

1 Which foreign language is required for both posts?

2 As well as shorthand and typing skills, which other office skills and procedures are required for both posts?

3 Which aspect of post **A** makes knowledge of a foreign language so important?

4 Which three personal qualities must you show for post **A**?

5 What are these posts offering? Match the facts mentioned below with posts **A and B**.

B

IMPORTANTE EMPRESA DE ÁMBITO NACIONAL

NECESITA

SECRETARIA ADMINISTRATIVA

SE REQUIERE:
- Buena mecanografía.
- Conocimiento en tratamiento de textos.
- Deseable taquigrafía y conocimientos de inglés.
- Edad máxima, 25 años.

SE OFRECE:
- Incorporación inmediata.
- Jornada intensiva todo el año.
- Posibilidades de promoción.

Interesadas escribir enviando *curriculum vitae* y foto reciente al apartado 50040 de Madrid, a la atención del Sr. Fernández.

	A	B
Immediate start		
A five-day working week		
Central location with good transport		
Regular hours throughout the year		
Life insurance scheme		
Luncheon vouchers		
Promotion possibilities		

E7

Here are two people in their twenties who have become famous in their field of work.

ANGELES CASO

Desde hace año y medio, los días laborables miran, esperan y giran en torno a las 8.30 de la tarde. Esta multifacética asturiana de 26 años, presentadora de la segunda edición de *Telediario*, no se queja de la pérdida de su privacidad por mor de la profesionalidad. Pura energía, caben en su vida otras cosas: música, libros, cine, teatro, amigos, paseos, bailar...

PEPE BARROSO

Cuando tenía 17 años, una bruja le predijo el éxito. No se equivocó; con 24 añitos, es algo así como la cabeza de un imperio de 90 tiendas, repartidas por España y Portugal. «Don Algodón» es un auténtico trabajador, su vida gira en torno a su negocio; doce horas de trabajo al día, como mínimo, y unos cuantos abandonos..., entre ellos el periodismo, que considera su profesión frustrada.

1 What is each person's line of work?
2 Name one disadvantage of each of their lifestyles.

P

¿Quieres ser como Ángeles Caso o Pepe Barroso, o tienes otro héroe u otra heroína?

E8

Here is an article about a young girl embarking on a successful career.

1 How old was she at the time of the writing of this article?
2 Where was she born?
3 Where does she live now?
4 Why did she give up her schooling?

¿QUIEN ES?

Arantxa Argüelles

No ha cumplido todavía los dieciséis años y ya tiene en su haber dos prestigiosos premios internacionales de ballet clásico: el que consiguió el pasado año en el Certamen de Danza de Eurovisión que se celebró en Italia, y el Gran Premio de París en el II Concurso de Danza Clásica, donde actuó como pareja con Antonio Castilla.

Arantxa es zaragozana de origen, pero vive en Madrid desde los trece años. Así, tan joven, disfruta ya de una independencia absoluta y tiene su propio apartamento.

Comenzó a estudiar ballet casi antes de empezar a ir al colegio. Su madre no quería que fuese una niña gordita y a los tres años la llevó a la escuela de ballet de María de Avila, en Zaragoza. Arantxa asistía una hora tres veces por semana; cuando María de Avila se dio cuenta de su capacidad, aumentó las clases a una hora diaria. Luego llegaron dos horas, después los sábados y finalmente, mañana y tarde. El baile es su vida, hasta tal punto que ha dejado sus estudios nada más terminar la EGB y asegura que volverá a la carga con el BUP cuando tenga tiempo para ello.

Del premio de París, Arantxa y su compañero Antonio Castilla obtuvieron dos millones de pesetas, que se repartieron *como buenos hermanos*. La intención de esta joven bailarina es comprarse una buhardilla en Madrid con este dinero.

Arantxa se toma con mucha tranquilidad la popularidad que ha alcanzado y asegura que no se gusta lo más mínimo, que cuando se ve en un vídeo siempre se encuentra horrible. Lo que más le suele apetecer hacer con su tiempo libre es descifrar crucigramas, cenar con amigos, estar en casa o ir al cine.

Flying back from Spain, you happen to see this article about the life of an air hostess.

PROFESIONES

Azafata de vuelo

Para unos no son más que niñas monas; para otros, camareras a bordo. Pero en realidad son mucho más que todo eso. Su nombre técnico es auxiliar de vuelo.

Mari Carmen Pérez Giménez es azafata de vuelo de Iberia desde los 18 años, aunque ahora esté gozando de una excedencia por maternidad. Afirma que toda su vida, desde que se planteó su futuro profesional, quiso dedicarse a esta profesión: «Estaba haciendo COU cuando decidí definitivamente que lo mío era volar, con gran disgusto de mi familia que, al ser hija única, hubiera querido que hiciera una carrera universitaria».

Mari Carmen afirma que la gente, en general, tiene una

Esta profesión exige tener una auténtica vocación.

idea bastante falsa de cuál es su trabajo; «además de ser mona y saber servir con corrección una naranjada, hay que tener bastante psicología para conocer a la gente y saber tratar a cada persona y, ante todo, hay que sa-

ber qué hacer y cómo reaccionar ante una emergencia».

Ventajas e inconvenientes

Esta profesión tiene de todo, como todas las demás. Para Mari Carmen, la ventaja es que a ella siempre le gustó

mucho el contacto con la gente —y en su trabajo es diario— y el principal inconveniente es que «con tanto ajetreo de ir y venir te desligas del mundo. Llega la boda de una hermana, por ejemplo, y resulta que tú estás en Tombuctú».

Requisitos necesarios

Para entrar en una compañía aérea se necesita:
• Dar unos mínimos y unos máximos de peso y medida. De medida, el mínimo es de 1,58 metros y el máximo de 1,73 metros. El peso será acorde con la talla.
• Hay que saber inglés.
• Saber nadar.
• Pasar favorablemente una entrevista personal.
• Un *test* de cultura general y uno de inglés.
• Un reconocimiento médico (no se puede usar gafas ni lentes de contacto).

El proceso

Se presenta la instancia en la compañía.
• Si es aceptada, se inician todas esas pruebas antes detalladas. Son eliminatorias; es decir, si no se pasa una no se accede a la siguiente.
• Hay que participar en un cursillo de entrenamiento (técnicas de salvamento incluidas).

Which of the following statements are true?

1 Mari Carmen is not working at the moment.
2 Her parents liked her choice of profession.
3 Air hostesses have to be under a certain height.
4 Air hostesses have to get on with people.
5 Air hostesses need to be able to swim.
6 Air hostesses are allowed to wear contact lenses.

P

¿Cuáles son los requisitos necesarios para hacerse:
a profesor(-a)
b garajista
c recepcionista?

E10

If you wish to gain additional skills, this organisation might interest you. Why?

How much will it cost you to become qualified as:
1 a beautician
2 a hairdresser?

C.C.C. Centro de Estudios, San Sebastián

E11

The character on the left-hand side of the cartoon says three things about his personal circumstances. What are they?

TENGO OCHO HIJOS. DEBO SEIS MESES DE ALQUILER Y HACE TRES AÑOS QUE ESTOY EN EL PARO.

¡Y YO MAS!

E12

In Cataluña *escuelas taller* have been recently set up to cater for the needs of certain students. Here is an article about one in Barcelona.

Unas escuelas combaten el paro y restauran monumentos

Trece centros enseñan una profesión a los jóvenes sin trabajo

Y.M./A.S.

Los jóvenes practican oficios que tienen que ver con la rehabilitación y restauración del patrimonio artístico y natural

■ Barcelona. – Casi un centenar de jóvenes barceloneses ha conseguido su primer puesto de trabajo en una escuela taller. Estos centros fueron creados con el doble objetivo de reducir el desempleo juvenil y recuperar aquellos oficios relacionados con la rehabilitación y restauración del patrimonio artístico, histórico y natural. El proyecto, que cuenta con el respaldo del ministerio de Trabajo y del Consejo de Europa, será ampliado con la creación de nuevas escuelas taller en toda Catalunya.

Los jóvenes reciben en estas aulas una formación general y específica impartida por expertos artesanos. Al mismo tiempo, realizan un trabajo de utilidad pública, como es la rehabilitación del patrimonio colectivo.

Buenos resultados

La escuela taller de rehabilitación del patri-
monio de Barcelona es una de las 13 que han empezado a funcionar durante 1987 en Catalunya. El proyecto contempla la formación de 10 escuelas para Barcelona. Girona, Lleida y Tarragona se reparten el resto.

El nuevo centro para la rehabilitación del patrimonio funciona desde septiembre del año pasado por iniciativa del patronato municipal de la vivienda de Barcelona. Sus actividades colman, en gran medida, la
demanda de especialistas en oficios relacionados con la restauración en un momento de *fiebre rehabilitadora*.

Rosa Palomas, directora de la escuela taller, se muestra satisfecha por los resultados obtenidos en pocos meses. "Cumplimos el doble objetivo de recuperar oficios artesanos en peligro de desaparación y de insertar en el mundo del trabajo a los jóvenes que buscan su primer empleo", indica.

Las escuelas taller son
una alternativa a la tradicional formación profesional, ahora en desuso. Rosa Palomas afirma que "la formación ocupacional tiene la ventaja de estar más ligada a la realidad que la formación profesional que, en muchos casos, imparte enseñanzas desfasadas". Y apunta: "Al no ser una enseñanza con unas reglas rígidas y determinadas, puede amoldarse a las necesidades que surjan".

1 How many people are now attending the *escuela taller*?
2 What are the two aims of the *escuela taller* scheme?

Cuatro escuelas alternativas en Barcelona

■ Los caminos para encontrar trabajo son infinitos, aunque, después, los puestos de trabajo sean pocos. Existen las vías clásicas que pasan por el bachillerato, la formación profesional y la universidad. Sin embargo, la sociedad se adapta más rápidamente a la realidad que los pesados ministerios con sus planes de estudio eternos. Existen escuelas de los más variados oficios y academias privadas que desvelan los secretos de los empleos del futuro. Estas páginas ofrecen direcciones e ideas para seguir estudios alternativos.

Estudios para llegar lejos

| Cinco años son precisos para convertirse en profesional de la hostelería | Los jardineros se forman en el centro Rubió i Tudurí de Montjuïc | La demanda es superior a la capacidad de la Escuela Massana | Uno de cada 6 aspirantes ingresa en el Institut del Teatre |

YOLANDA MARTÍNEZ

■ Barcelona. – Estudiar en Barcelona no pasa, necesariamente, por los institutos, las escuelas de Formación Profesional (FP) o la universidad. Existen, de forma paralela, una serie de centros, algunos de ellos de larga tradición y prestigio, como la Escuela Massana y el Institut del Teatre. Otros, se presentan como una alternativa válida a la hora de encontrar un trabajo. Se trata de estudios para llegar lejos.

El mejor ejemplo lo constituye la Escola de Restauració i Hostalatge de Barcelona. Aquí se forman profesionales de la hostelería para un país que recibe varios millones de turistas al año. Tampoco debe olvidarse que Catalunya cuenta con cerca de 5.000 restaurantes y, de ellos, más de 2.000 están en Barcelona.

Además de esta escuela, que tiene el apoyo del gremio de restauradores de Barcelona, existen en Catalunya tres centros más que imparten esta especialidad (Girona, Cambrils y Vall d'Aran).

Dos opciones

Los futuros cocineros pueden decantarse por dos opciones: el programa de formación básico y el superior. El primero dura tres años y los alumnos han de tener una edad mínima de 16 años, así como estar en posesión del título de graduado escolar. A partir del primer curso, el alumno escogerá entre las especialidades de cocina, servicio de restaurante y recepción-administración de hotel.

Para acceder al programa

Los viejos oficios siguen teniendo una buena aceptación entre los jóvenes. En la foto, la escuela de tapices de Girona

superior, que consta de dos cursos, las condiciones son más estrictas. Se exige una edad mínima de 20 años, haber superado el programa básico o el segundo grado de hostelería en FP, o una experiencia profesional de dos años.

El centro pone especial interés en las clases prácticas. Los alumnos desarrollan sus conocimientos en el restaurante que tiene la escuela. Se encargan de preparar la carta y del servicio al público. También pueden acceder a emplearse temporalmente como recepcionistas en hoteles de tres y de cuatro estrellas.

Entre las flores

La Escuela Municipal de Jardinería Rubió i Tudurí, situada en el parque de Montjuïc, forma profesionales y técnicos en el campo de la jardinería y de la horticultura ornamental. Fundada en 1933 por el arquitecto y paisajista Nicolau Rubió i Tudurí, ha sido durante años única en su género. A pesar de que hay en estos momentos una importante demanda de

profesionales de la jardinería, son pocos los jóvenes que escogen esta profesión. Actualmente, sólo 84 personas se preparan en esta afamada escuela, cuando podría dar cabida a otros 160 alumnos.

El título de técnico especialista en jardinería (correspondiente al segundo grado de FP) se consigue después de tres años de estudios. Según la modalidad elegida en el tercer curso, se obtiene el diploma de técnico de vivero o de técnico en espacios verdes.

La escuela depende del servicio municipal de Parques y Jardines. Los futuros jardineros reparten su tiempo entre el estudio de la botánica, la fisiología vegetal y el cultivo de plantas ornamentales. Las clases prácticas son ofrecidas en el propio parque de Montjuïc, el vivero de Tres Pinos o en otros parques de Barcelona.

Arte y farándula

La Escuela Massana, instalada en el edificio del antiguo hospital de la Santa Creu, es uno de los centros de artes plásticas y diseño más prestigiosos de Barcelona. El

centro fue fundado en 1929, a partir del legado de Agustín Massana, un pastelero de la calle Ferran, con la finalidad de fomentar e impartir las artes plásticas en general y las técnicas y oficios ligados al arte.

La gama de opciones es amplia. En la sección de arte se puede elegir entre esmalte, pintura, tapices, cerámica, escultura y joyería. La sección de diseño abarca estampado, gráfico y básico (industrial o de interiores).

Los estudios duran cinco años. El título oficial se obtiene si se supera el examen de reválida de la escuela de Artes Aplicadas y Oficios Artísticos.

La escuela cuenta ya con 1.100 alumnos. El antiguo hospital de la Santa Creu se ha quedado pequeño y se especula con su posible traslado junto al museo de Arte Contemporáneo.

Las 75.000 pesetas que cuesta la matrícula de cada curso no impide que el número de solicitudes para entrar en el centro supere su capacidad. El alumnado es seleccionado de acuerdo con las pruebas de ingreso donde se valora más la aptitud del examinado que la perfección o la técnica.

Otro centro que goza de gran prestigio es el Institut del Teatre. El 80 por ciento de los actores que trabaja actualmente en el mundo del espectáculo barcelonés procede de este centro. Éste es el caso, por ejemplo, de Juanjo Puigcorbé, Sergi Mateu y los integrantes de El Tricicle y Vol Ras.

Ingresar en el instituto es un sueño que sólo ven cumplido uno de cada seis aspirantes. Jordi Graells, subdirector del centro, no cree en la enseñanza masiva de esta especialidad.

E13

If you wished to obtain professional training, there are also four specialised centres of excellence in Barcelona. Briefly summarise the training given in:

1 la Escola de Restauració i Hostalatge de Barcelona
2 la Escuela Municipal de Jardinería Rubió i Tudurí
3 la Escuela Massana
4 el Institut del Teatre.

Chapter 4
Los deportes y los pasatiempos

Después de la vida dura en el colegio y en el mundo del trabajo, aquí tienes una guía del ocio – deportes y pasatiempos – para que disfrutes del tiempo libre cuando vayas a España.

A A orilla del mar

E1

One day you go to the coast as you are interested in the information in this announcement. What does it give details of?

Una experiencia nueva y fascinante. Algo para todos bajo el sol mediterráneo: Acuario de Mallorca. Una organización creada especialmente para poder albergar el mundo silencioso.
Los peces de formas extravagantes de la barrera de coral de Australia; las miniaturas de los ríos interiores de Brasil; las temidas pirañas; y la variada flora y fauna mediterránea desfilan ante los asombrados ojos de los visitantes.
Las 115 vitrinas del Acuario de Mallorca, están dispuestas a lo largo de las paredes de sus 2 plantas; verdaderos mundos donde la vida marina palpita en todo su esplendor de colores y formas.

E2

Later you decide to do some sunbathing. How do you get to the beach you have chosen?

PLAYA DEL BAJONDILLO

ASCENSOR BAJADA O SUBIDA

Nº 228162 | 10 Pts.

E4

There is a landing stage nearby, from which special boats leave. What attraction do they offer?

CRUCEROS Paguera S.A.

Barco de cristal

CORMORAN

Maravillosa excursión en nuestro barco con fondo de cristal por el que podrá admirar el fabuloso lecho marino con su variedad de Flora y Fauna.

E3

What can you hire on the beach?

02923   *

Sombrajos
250 Pesetas

20000   *

Hamacas
235 Pesetas

E5

You conclude your day on the beach by hiring a windsurf board from this firm.

● *Una plancha de Windsurf a su disposición.*

Disfrútela cuando y como quiera.

Compártala con sus amigos.

Reserve por teléfono su plancha de Windsurf desde esta Recepción.

TRANSWIND le servirá una plancha polivalente último modelo, en este mismo Hotel o Camping.

El tiempo mínimo de alquiler es 1 día. Hay descuentos progresivos. Consulte nuestra tarifa.

El Hotel o Camping dispone de un lugar adecuado para guardar la plancha mientras no la utilice.

Además, puede alquilar opcionalmente un carro para transportar su plancha hasta la playa y una baca para llevarla en su automóvil.

Póngase en contacto con el Recepcionista. El le informará de cuanto desee saber y se encargará de efectuar la reserva.

TRANSWIND

Tarifa alquiler de planchas y accesorios

1 día	2.500 Ptas.
2 días	4.500 Ptas.
3 días	6.000 Ptas.
4 días	7.500 Ptas.
5 días	9.000 Ptas.
6 días	10.000 Ptas.
7 días	10.500 Ptas.

Tarifa alquiler Material opcional

Porta-tablas (coche)	250 Ptas./día
Carro transporte	100 Ptas./día

1 How much do you and your Spanish friend pay for one day's hire?

2 What other equipment does this firm hire out?

E6

You are spending the holidays on the Costa Brava and your father suggests a day out. You tell him about the amusement park at Sitges and try to persuade him to take you there.

ATRACCIONES

– El parque Acuátic Sitges ofrece lo habitual más minigolf, parking gratuito, pic-nic libre, barbacoa, self-service, restaurante y pizzería, de las diez de la mañana a las ocho de la tarde. Un servicio de autobuses lleva hasta él desde la estación de ferrocarril. Los precios para un día completo son de 1.150 pesetas para adultos, 850 con "carnet jove" y 700 para los niños mayores de 3 años. Existe un abono de nueve mil pesetas para toda la temporada y precios especiales para la tarde. Información en el teléfono 894–03–69.

Check the facts to find out if the following statements are correct or not.

		T	F
1	At Sitges there is only an aquapark.		
2	You need to take your own picnic.		
3	There is free parking.		
4	It is open for ten hours.		
5	You need a car to get there.		
6	It costs 2.300 pesetas for two adults to get in.		
7	Your five-year-old brother gets in free.		
8	A season ticket costs 8.000 pesetas.		
9	It is cheaper in the evenings.		
10	You can ring for further information.		

Here are details about fishing according to a Spanish tourist office publication.

PESCA

España (continental e insular), con sus 5.914 kilómetros de costa, su red hidrográfica —cerca de 77.000 kilómetros de ríos— y los numerosos embalses que salpican su geografía constituye un magnífico escenario de ilimitadas posibilidades para los aficionados a la pesca en cualquiera de sus modalidades deportivas. En las aguas fluviales españolas se alberga una gran variedad de especies. Desde el plateado salmón, que remonta incansable el curso de los ríos, hasta las especies más humildes, pasando por distintas variedades de truchas, las gigantescas carpas reales, los barbos, bogas, cachos, etc. La red hidrográfica se complementa con los numerosos embalses existentes, en cuyas aguas se pueden capturar, junto a las especies aborígenes, otras importadas y aclimatadas de fundamental interés deportivo, como el salmón de lago, el lucio y el «black-bass».

Las costas españolas, de tan extraordinaria variedad y belleza, sirven de hábitat a una rica y diversa fauna marina, que comprende, en el litoral Cantábrico, desde los atunes y riquísimas lubinas hasta las menudas y finísimas fanecas. La costa atlántica meridional conoce la presencia de las corpulentas corvinas, de los tiburones —junto al Estrecho— y de los codiciados y gigantescos atunes. En el Mediterráneo, a lo largo de todo el litoral, habitan los poderosos peces espada —aguja palá— serviolas, veloces sargos, etc., especies todas ellas de gran interés deportivo.

En mayor o menor medida, el litoral español ofrece condiciones excepcionales durante todo el año para la práctica de la pesca submarina, situándose en Almería, junto al cabo de Gata, y en Baleares los puntos óptimos, como lo demuestra el haber servido de marco a los campeonatos mundiales de esta especialidad deportiva.

La abundancia de clubs náuticos en casi todas las ciudades costeras de cierta importancia facilita considerablemente la práctica de la pesca deportiva de altura. Resulta fácil y asequible alquilar durante horas una embarcación que permita llevar al aficionado a puntos conocidos por los marineros-pescadores, en los que es probable la captura de interesantes y buenos ejemplares.

Con el fin de proteger e incrementar la riqueza piscícola, tanto fluvial como marítima, existen zonas acotadas. Hay también cotos consorciados y aguas privadas en las cabeceras de algunos ríos mientras discurren en el interior de fincas particulares.

El Instituto Nacional para la Conservación de la Naturaleza (ICONA) tiene arrendados a la Secretaría de Estado de Turismo cotos de pesca en los que, gracias a las medidas protectoras y a las repoblaciones practicadas, una jornada en cualquiera de ellos constituye una experiencia inolvidable.

1 Copy this list and tick the column where these fish can be caught.

Fish	River	Sea
Tuna		
Salmon		
Shark		
Trout		
Swordfish		
Carp		

2 Which is larger: Spain's river network or its coastline?

3 What steps have been taken to keep up the abundant stock of fish?

B   Los deportes

E8

These symbols are used for the Barcelona Olympics programme to indicate the different sports. Match the symbols with the following list of events.

| A | B | C | D | E | F | G | H | I | J |

1 Atletismo	**3** Ciclismo	**5** Lucha	**7** Tiro	**9** Tiro con arco
2 Boxeo	**4** Remo	**6** Fútbol	**8** Baloncesto	**10** Natación

E9

While on holiday you notice this advertisement. Your father likes golf and asks you to explain it to him.

1 Can he take lessons?
2 He would like to play early in the day. Is this possible?

golf **del sur** s.a.

San Miguel de Abona
Teléfono 78.57.06   Tenerife – Sur

**APRENDA A JUGAR AL GOLF
EN UNO DE LOS MAYORES
CAMPOS DE ESPAÑA**

Clases impartidas por
MARK PURSEY
(profesor profesional)

Horario ajustable,
mañana y tarde

**ESCUELA
DE GOLF**

E10

What sport can be seen at Ramblas 27, Barcelona? When?

FRONTON JAI-ALAI PALACIO

Ramblas, 27
Todas las tardes
(excepto domingos)

**CESTA-PUNTA
5 PARTIDOS Y 2 QUINIELAS**

Local climatizado

**Frontones Españoles, S. A. Ramblas, 27. Barcelona
Teléfonos 318-91-75 y 302-46-01**

E11

Here is a report about a cycling accident.

1 What day did Ricardo Zúñiga suffer his injury?
2 How did it occur?
3 Who will be with him while he is being transferred to hospital in Barcelona?

Sufre fractura de columna

ZUÑIGA SERA OPERADO EN BARCELONA

Oviedo, 26. (EFE.) – Ricardo Zúñiga, ciclista del "Colchón CR", que el pasado viernes sufrió una grave caída cuando disputaba la tercera etapa de la Vuelta Ciclista a los Valles Mineros, con fractura de columna en región lumbar, será enyesado y trasladado a Barcelona donde le intervendrán quirúrgicamente.

El corredor del "CR" sufrió el accidente cuando descendía el Alto de la Colladona, puntuable de primera categoría, y desde el momento en que se produjo la caída permaneció hospitalizado en el centro de salud de Mieres.

El corredor, que se encuentra acompañado por su esposa desde el día siguiente en que se produjo el accidente, emprenderá mañana viaje en avión hacia Barcelona.

E12

While on holiday, you decide to buy a tennis racquet. The classified advertisements catch your eye. Check these facts!

	√	×
1 The child's bike is in good condition.		
2 The windsurf board is for sale without accessories.		
3 The ice skates cost 6.000 pesetas.		
4 The football kit is brand new.		
5 If you want the tennis racquet, you should ring in the afternoon.		
6 The sports bike has 12 speeds.		
7 The Italian bike is in good condition.		
8 You can phone about the football kit in the morning.		

VENDO bicicleta de carreras 10 marchas 20.000. De 21 a 22 h. Tel.239 21 50.

VENDO bicicleta italiana Blanchi, estupenda 29.000. Tel.428 44 88.

VENDO patines de hielo t. 42. 5000 ptas. Tel.313 69 46.

VENDO tabla de Windsurf con accesorios muy buen estado. Zodim Felac. Manel. 85.000 ptas. Tel.203 99 56.

VENDO bicicleta niño 2 ruedas, buen estado 3.000. Pº de la Mania 294 2º.

EQUIPO de fútbol completo marca ADIDAS camisetas, pantalones y calcetines. Nuevos sin usar. De 14 a 16 h. Y de 20 a 22 h. Tel.319 78 74.

RAQUETA de tenis marca Head nueva sin usar vendo a buen precio. De 14 a 16 horas. Tel.319 78 74.

Deportes en breve

SEVERIANO BALLESTEROS, reciente ganador del Open Británico, se encuentra en la tercera posición, con 1.184 puntos de la clasificación de jugadores de esta temporada, que computa el Royal Ancient Club y que encabeza el australiano Greg Norman con 1.411 puntos. Por otro lado, se ha anunciado que el golfista español participará en el Open Suizo que se celebrará el 4 de septiembre en la localidad de Cransmontana.

★ ★ ★

STEPHANIE REHE, tenista de EE UU y segunda cabezade serie en el torneo de San Diego, se impuso a su compatriota Ann Grossman por un clarísimo 6-1, 6-1, en la final de esta competición, con lo que se embolsó doce millones de pesetas. Rehe tiene 16 años y ha logrado ya dos títulos esta temporada ya que consiguió también el torneo de Taipei (Taiwan).

★ ★ ★

RUGGIERI, jugador argentino de fútbol, es el principal objetivo del Logroñés, aunque tampoco se descarta la contratación del uruguayo Perdomo que sería traspasado por el Peñarol al club riojano. El entrenador Irurte ha anunciado a la directiva que necesita tres refuerzos más. Su esquema ideal sería Ruggieri, en la defensa, Cruz en el centro del campo, y Camataru en el ataque.

NATACIÓN

Berkoff bate por segunda vez el récord del mundo de 100 m espalda

EFE, Austin

El nadador estadounidense David Berkoff batió por segunda vez el récord del mundo de 100 metros espalda durante los campeonatos de Estados Unidos que se disputan en la localidad de Austin. Berkoff, con un tiempo de 54.95, mejoró inicialmente el récord que ostentaba el soviético Igor Polianski. Posteriormente, se adjudicó la final de la prueba y estableció una nueva marca con un tiempo de 54.91.

• **Antonio Martínez**, ciclista español del grupo Zahor, permanece como líder de la Vuelta a Portugal tras disputarse ayer la décimo-cuarta etapa, ganada por el británico Theakston.

E13

In a sports newspaper you notice some short articles about different sports.

1 Which of the following sports are covered?

a) Motorcycling   *g)* Football
b) Windsurfing   *h)* Basketball
c) Cycling   *i)* Swimming
d) Squash   *j)* Sailing
e) Tennis   *k)* Golf
f) Volleyball

2 Who won the fourteenth lap in the cycle race?
3 How did Berkoff come to break the record twice?
4 What is Ballesteros' overall position this season?
5 What will he be doing in early September?
6 How much was the winner's prize in the San Diego tournament?
7 How many titles has Rehe won this season?
8 Give Ruggieri's nationality.
9 What does the trainer say that he needs and where would he ideally position certain players?

P

¿Te gustan los deportes? ¿Cuáles? ¿Por qué?

JOSÉ ÁLVAREZ DE BOHÓRQUEZ

El primer oro español

En 1928, España consiguió su primera medalla de oro olímpica, un éxito que se ha repetido en muy escasas ocasiones a lo largo de la historia de los Juegos. Fue en Amsterdam donde el equipo nacional de hípica conquistó tan importante galardón. Ese equipo estaba formado por José Álvarez de Bohórquez, José Navarro Morenés y Julio García Fernández. Sesenta años después de aquella gesta, el único de los héroes que aún vive, José Álvarez de Bohórquez, marqués de los Trujillos, recuerda con añoranza los momentos decisivos de la conquista.

E14

This article is about Spain's first Olympic gold medal.

1 Has Spain won many golds since 1928?

2 Are the members of that team still alive?

3 What does the Marqués de los Trujillos particularly remember about the day on which the event took place?

4 Why did he go out first?

5 How did his team-mate Navarro's round go?

6 Why was it unexpected?

7 What could Sweden or Poland have done?

8 How many penalty points did the Pole collect?

9 What did winning the gold medal represent?

A pesar de su avanzada edad, 92 años, el marqués de los Trujillos conserva fresca en la memoria aquella gloriosa jornada en la que la reina Guillermina de Holanda le impuso la medalla de oro, como miembro más veterano del equipo. Es por tanto el primer deportista español que lució el más valioso metal en unos juegos: «Acabamos con cuatro puntos de penalización. Por cada derribo se contalizaban dos puntos. Yo hice el primer recorrido montando a Zalamero, un caballo irlandés propiedad del ejército. Siempre me gustaba salir el primero, ya que así me descargaba de responsabilidad. Hice dos puntos y García Fernández, con Revistada, otros dos. Por fin, Navarro, con Zapatazo, completó un recorrido impecable y no derribó ningún obstáculo. Fue inesperado y no porque Navarro estuviera en viaje de novios sino porque su caballo no era muy bueno.»

El marqués nos habla de los más mínimos detalles: «Quedaban por participar Suecia y Polonia, que podían quitarnos el primer puesto. Los suecos se hundieron, pero el polaco Antoniew iba cubriendo todo el recorrido sin falta. En la última dificultad, una ría con barra y seto, hizo agua. Pensamos que eso conducía al empate, pero además de agua había derribado barra y seto por lo que se quedó con seis puntos de penalización. En aquel momento, todos los españoles presentes olvidaron las jerarquías militares y se fundieron en un abrazo. Era un triunfo muy importante no sólo para nuestra hípica sino para el deporte español en general.»

Here is an extract from a review of the 1988/89 football season.

1 How popular is football in Spain?
2 Which two things characterise recent developments?

EL AÑO DE LOS SUPER-FICHAJES

El fútbol, la mayor máquina de fabricar pasiones, se pone hoy en marcha. La Liga de este año se caracteriza por la igualdad de muchas escuadras y el gran número de fichajes que los distintos clubs han realizado. De las nuevas caras del fútbol, de los traspasos millonarios y de la situación de cada equipo hablamos en este especial Liga 1988-89. Todos aspiran a ganar y, si es posible, a contentar a esa afición que, domingo a domingo, llena los estadios.

E16

Here are two further articles about the teams FC Barcelona and Real Madrid CF. Which one would you consider to be favourite for the championship? Give reasons.

REAL MADRID, C. F.

Buyo. Chendo. Tendillo o Gallego. Esteban o Camacho. Sanchís. Gordillo. Míchel, Schuster. Martín Vázquez. Butragueño y Hugo Sánchez. Entrenador: Leo Beenhakker.

Posiblemente el mejor equipo de Europa en la actualidad y, por si alguien lo dudaba, con la incorporación de Schuster, una escuadra plagada de figuras. Desde la portería de Buyo hasta la delantera de Butragueño y Hugo, el Real Madrid cuenta con una plantilla de oro, reforzada este verano con los fichajes del propio Schuster, Losada —¿podrá quitarle la titularidad al «Buitre»?— y Esteban. Quizá la Liga ya no tenga aliciente para el equipo blanco, las miradas de Beenhakker están puestas en la Copa de Europa, que este año se puede quedar en Madrid gracias a veinte estrellas del fútbol que van a por todas.

Línea por línea, el Madrid cuenta con un excepcional plantel de jugadores. En defensa, Chendo, Tendillo y Camacho forman un bloque compacto y bien combinado. La media está más que cubierta con Sanchís, Míchel, Schuster, Martín Vázquez y Gordillo, este último con sus terribles internadas por la banda. La delantera, de lujo y con goles: Hugo y el «Buitre» volverán a hacer de las suyas gracias a los pases mágicos del rubio alemán. Dicen que éste es el mejor Madrid de la historia.

F. C. BARCELONA

Zubizarreta o Unzúe, López Rekarte, Serna, Julio Alberto, Aloisio, Milla o Roberto, Eusebio, Soler, Carrasco, Julio Salinas o Bakero y Beguiristain o Lineker. Entrenador: Johan Cruyff.

Tres mil millones de pesetas se ha gastado el señor Núñez en renovar su equipo, empezando por el fichaje del mítico Cruyff y acabando por el trío vasco Bakero II, Rekarte y Beriguistain. Su sexto puesto en la pasada temporada y el caos interno del club han hecho que el Barcelona busque una nueva imagen. Junto a los nuevos, los veteranos que resistieron la quema, como Carrasco, Zubizarreta. Lineker —una de sus mejores bazas— y Julic Alberto. Combinar una plantilla totalmente renovada y responder a las expectativas son los objetivos de Cruyff.

A pesar de las buenas intenciones, el equipo catalán no comienza con buen pie la temporada. El oscuro escándalo de Alexanco y la poca diplomacia que ha acompañado a la renovación de la plantilla —muchos jugadores que «echaron los dientes» con la camiseta azulgrana se han quedado en la calle sin compasión alguna— hacen que el ambiente esté un poco enrarecido. Para evitar males mayores, Cruyff intentará por todos los medios posibles seguir en su línea de mejor entrenador de Europa.

C Apuestas

E17

While walking along the street, you see these two signs. What do they have in common?

E18

While at your penfriend's, you notice some leaflets. One (**A**) looks slightly familiar: it is a football pool coupon. The other one (**B**) you have never seen before: it is a coupon for the national lottery.

A

1 Which three pieces of information must you enter?
2 How do you enter your bet?
3 How many teams does Madrid field?
4 Who is playing against Barcelona this week?
5 Is this a state or private organisation?

B

1 As well as your personal data, which three pieces of information must you enter?
2 Which block of numbers do you use for multiple bets?
3 Can you use this form for Monday and Thursday draws?
4 Which sign do you use to register your bet: a tick or a cross?
5 How should you mark it?

A

Jornada: 23
7-2-1988

Nombre y apellidos:
Domicilio:
Localidad:

0678 3479

Cuerpo B-1

APUESTAS DEPORTIVAS DEL ESTADO

MARQUE SUS PRONOSTICOS SOLO CON EL SIGNO «X»

	1 X 2	1 X 2	1 X 2	1 X 2	1 X 2	1 X 2	1 X 2	1 X 2
1 CADIZ-SABADELL								
2 AT. MADRID-R. MALLORCA ...								
3 ATH. BILBAO-LOGROÑES								
4 VALENCIA-R. CELTA								
5 ESPAÑOL-R. BETIS								
6 SEVILLA-BARCELONA........								
7 AT. OSASUNA-R. SOCIEDAD...								
8 R. ZARAGOZA-R. VALLADOLID .								
9 R. GIJON-R. MADRID........								
10 LERIDA-MALAGA...........								
11 FIGUERES-R. SANTANDER								
12 D. CORUÑA-CASTELLON								
13 GRANADA-BILBAO ATH.......								
14 JEREZ D.-R. HUELVA								
APUESTAS	1.ª	2.ª	3.ª	4.ª	5.ª	6.ª	7.ª	8.ª

B

LOTERIAS DEL ESTADO [A]
Cuerpo B-1

2 3497 1306

IDENTIFICACION DEL APOSTANTE

MARQUE SUS PRONOSTICOS CON EL SIGNO «X»
APUESTA MULTIPLE SOLO EN ESTE BLOQUE

Semana Nº..........
desde el domingo
día ....
APUESTAS JUGADAS

BonoLoto de
loteria primitiva

BLOQUE 1 | BLOQUE 2

1	8	15	22	29	36	43	1	8	15	22	29	36	43
2	9	16	23	30	37	44	2	9	16	23	30	37	44
3	10	17	24	31	38	45	3	10	17	24	31	38	45
4	11	18	25	32	39	46	4	11	18	25	32	39	46
5	12	19	26	33	40	47	5	12	19	26	33	40	47
6	13	20	27	34	41	48	6	13	20	27	34	41	48
7	14	21	28	35	42	49	7	14	21	28	35	42	49

BonoLoto
Abónese a ganar

CON ESTE BOLETO PARTICIPA EN LOS SORTEOS DE:

Domingo
Lunes
Martes
Miércoles

Y PUEDE FORMULAR LAS SIGUIENTES APUESTAS:

1 }
2 } Método sencillo

7 - Método múltiple (sólo Bloque 1)

 BIEN

MAL

Here is a true story of good luck!

1 Who won 700 million pesetas in the lottery?
2 Where did the lottery take place? Why?
3 How much did most individuals win?
4 What was the minimum stake?
5 How long has the lottery been running?
6 How was the news of their win transmitted?

La lotería reparte 700 millones de pesetas en la localidad alicantina de Gata de Gorgos

SERGIO CAPELO, Denia

Los habitantes de Gata de Gorgos, localidad alicantina de 5.000 habitantes, se vieron favorecidos ayer con el primer premio del sorteo extraordinario de Cruz Roja de la lotería nacional, que repartió unos 700 millones de pesetas entre la gran mayoría de los vecinos. El sorteo fue celebrado ayer en Madrid tras ser suspendido el pasado sábado en Logroño a causa de la lluvia. El número 49.920 fue comprado y distribuido por la Unión Musical de Gata, que, habitualmente, compra un número para revenderlo entre los vecinos de la población.

Ayer, tras conocerse la noticia, un numeroso grupo de curiosos se agolpó a la puerta de la única administración de lotería existente para comprobar el premio. Otros fueron directamente a los bancos y cajas de ahorro para ingresar sus décimos. "Así están más seguros", comentaba Jaime Signes, uno de los afortunados millonarios al que le han correspondido cuatro millones de pesetas. "Hemos tenido mucha suerte. porque la Unión compra un número distinto en cada sorteo y lo reparte entre unos cuantos abonados".

A la mayoría de los entrevistados le ha correspondido cuatro millones de pesetas, el equivalente al premio de un décimo. "Pero el dinero está muy repartido", ha comentado Francisca Mengual, titular de la administración de lotería de Gata. "Hay quien ha comprado varios décimos y hay otros que llevan participaciones desde 150 pesetas. Como mínimo a éstos les ha tocado un millón de pesetas". La felicidad de la lotería es completa aunque, según dice, no jugaba a este número.

"¡Fíjese que abrimos en enero de este año, porque esta es una lotería de las nuevas, de las del lío de Octavio Cabezas y antes de los seis meses ya hemos dado un *gordo!*".

Los representantes de las distintas entidades financieras de la localidad han tenido una mañana más movida de lo habitual intentando convencer a sus clientes de que depositaran los décimos en la entidad que ellos representan. El director de la oficina del Banco de Alicante, al que le ha correspondido un premio de ocho millones de pesetas, no ha tenido tiempo de pensar qué hará con ellos. "He estado toda la mañana visitando a amigos y clientes para intentar captar fondos para el banco y, hasta ahora, no he tenido tiempo ni de ingresar los míos".

La mayor parte de los agraciados se han enterado de su suerte mientras estaban trabajando. Unos, mediante la radio; otros, por el aviso de algún familiar o amigo. Incluso el cura párroco quiso sumarse a la alegría general haciendo voltear las campanas de la iglesia.

Los 700 millones de Gata no servirán para cubrir necesidades perentorias: el mimbre y la pasa dan trabajo a la práctica totalidad de la población y el índice de paro es ínfimo. La Unión Musical, distribuidora del premio, ofreció anoche un pasacalles a sus vecinos como muestra festiva de la alegría por el premio obtenido. Algunos comentaban que había un premio de 54 millones de pesetas pero nadie supo a ciencia cierta a quién le había correspondido.

José Signes Mulet y Jaime Signes Soler, vecinos de la localidad de Gata de Gorgos agraciados con cuatro millones en la lotería de la Cruz Roja.

CARLES FRANCESC

¿Y tus padres? ¿Participan a veces en sorteos o apuestas?

D Pasatiempos

Fotografía

E20

While in Spain, you want to get your photos developed. You study these two special offers before deciding where to take them.

A

25 Ptas. Foto 9×13

¡¡NO PAGUE 58 Ptas. EN OTRO SITIO!!

SUS FOTOS EN FOTOPRIX A MENOS DE LA MITAD DE SU PRECIO. DIRECTAMENTE DE LABORATORIO. YA SABE, SIN INTERMEDIARIOS. NO DEPENDEMOS DE OTRO LABORATORIO. POR ELLO DAMOS NUESTRA CALIDAD.

¡¡LA MEJOR!!

ADEMAS un hermoso y práctico álbum de regalo por cada carrete que nos mande para revelar

¿ SABE que en el revelado de un carrete de 36 fotos se ahorra **1.279** Pts. ?

25 PTS. FOTO 9×13

PRECIO TOTAL POR CARRETE

N.º de Fotos	Con Fotoprix	En otro sitio
Revelado + 12 fotos + IVA	**666 pts.**	1.058 pts.
Revelado + 24 fotos + IVA	**1.002 pts.**	1.838 pts.
Revelado + 36 fotos + IVA	**1.338 pts.**	2.617 pts.

29 PTS. FOTO 10×15

PRECIO TOTAL POR CARRETE

N.º de Fotos	Con Fotoprix	En otro sitio
Revelado + 12 fotos + IVA	**720 pts.**	1.058 pts.
Revelado + 24 fotos + IVA	**1.110 pts.**	1.838 pts.
Revelado + 36 fotos + IVA	**1.499 pts.**	2.617 pts.

B

¡NOTICIA BOMBA
EN DIAPOSITIVAS!

Tenemos para ti carretes de diapositivas marca KONICA, de 36 exposiciones. CARRETE, MAS REVELADO, MAS MARQUITOS, AL EXCEPCIONAL PRECIO DE 950 PTAS. (IVA incluido) y en menos de 12 horas.

LABORATORIS FOTOGRÀFICS DEL COLOR

EN BARCELONA
Santaló ,126 (esquina Platón)
Tels. 209 36 43 y 209 54 34

EN MATARÓ
Avinguda Jaume Recoder, 36
Tel. 799 62 11

En LABORATORIS FOTOGRÀFICS DEL COLOR 24×30 por cada carrete revelado y copias te obsequiamos con **UN ALBUM Y UNA AMPLIACION ¡GRATIS!**

Y ahora, además, tenemos para ti una bonita **CINTA PARA EL CABELLO TAMBIEN ¡GRATIS!**

Sólo tenemos 1.000 cintas que serán entregadas por riguroso orden de solicitud.

¡NO PIERDAS NI UN INSTANTE!

P

a ¿Qué laboratorio eliges? ¿Por qué?
b ¿Te gusta sacar fotos? ¿Las pones en álbumes?
c ¿Cuál ha sido tu mejor fotografía? Descríbela.

	√	×
1 Both firms state the price of developing films.		
2 Both firms give a free album with each film.		
3 Fotoprix claims to be cheaper by more than half the price of others.		
4 Only **B** claims direct association with a photographic laboratory.		
5 **A** offers a free enlargement.		

6 What other free gift does **B** offer? How will these gifts be given out?
7 How much will you have to pay for 24 standard-sized prints at Fotoprix?
8 How much do they claim that you save?

LIBRERIA ARPON

BAZAR · PESCA · DEPORTES · FOTOGRAFIA

Centro Comercial BOHEMIA
Plaza Bohemia · Local, 6
LA MANGA DEL MAR MENOR

E21

You want to buy some presents for your host family who has various interests.

1 Why are you pleased to see this shop sign?

2 What three types of articles apart from books can you buy here?

P

a ¿Lees mucho? ¿Qué prefieres leer: revistas, periódicos, comics o libros? ¿Por qué?

b Cuenta tu historia preferida.

E22

As you want to buy a book for your friend's younger brother, you take a particular interest in these book reviews.

NOVEDADES

MALOS TIEMPOS PARA FANTASMAS

W. J. W. Wippersberg

Un relato lleno de humor, ilustrado por Käthi Bhend, que narra las divertidas andanzas de una familia de fantasmas con pretensiones de vampiros que trabajan en un castillo de Escocia asustando a los turistas

A. J. 192 págs. 382 pts.
F.: 11,2 × 17,5

AVENTURAS DE LOS DETECTIVES DEL FARO

Klaus Bliesener

Durante sus vacaciones, tres hermanos investigan todos los misterios que se les presentan. Estos jóvenes detectives plantean preguntas, en cada página del libro, que el lector tendrá que responder para ayudarles en sus investigaciones

A. J. 136 págs. 340 pts.
F.: 11,2 × 17,5

LA COLINA DE EDETA

Concha López Narváez

Premio Lazarillo 1984, la autora presenta en esta novela, ambientada en tiempo de los iberos, una historia de amistad que tiene como escenario la antigua ciudad de Edeta. Ilustraciones de Juan Ramón Alonso

A. J. 230 págs. 414 pts.
F.: 11,2 × 17,5

LEYENDAS DE LOS PIELES ROJAS

William Camus

Leyendas que vienen de la noche de los tiempos, ilustradas por Miguel Ángel Moreno. El autor, de origen iroqués, ha recogido las historias que Los Guardianes-de-los-Grandes-Sucesos narraban alrededor del fuego al caer la noche

A. J. 168 págs. 382 pts.
F.: 11,2 × 17,5

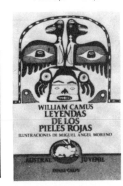

EL CIRCO DEL DOCTOR DOLITTLE

Hugh Lofting

Tras sus aventuras en África, el doctor Dolittle y sus amigos vuelven a su hogar sin un solo penique. El doctor pronto encuentra una solución para aliviar su economía: el testadoble, será un magnífico espectáculo en un circo

A. J. F.: 11,2 × 17,5

Editorial Espasa-Calpe SA

1 Which book would you choose if he likes mystery stories?
2 What is the main subject of the book by Wippersberg?
3 Where does the family of ghosts work and whom do they frighten?
4 How does the reader get involved in the detective story?
5 Would you say that these books were written in Spanish or are they translations?

E23

Your penfriend takes you to see a play in Spain. Here is the programme in which you read details about the leading actor. Briefly summarise the information given.

Salón de Actos

ESCUELA DEL AVE MARIA — Calle Molinos, 57

Domingo 7 de Febrero — a las 9 de la noche

EN SESION DE

TEATRO FORUN

Triunfal presentación

del gran actor

JESÚS DÍAZ

En su magistral interpretación

LA MUÑECA MUERTA

(Tragicomedia de un hombre de hoy)

Original de

HORACIO RUIZ DE LA FUENTE

EL INTERPRETE

Jesús Díaz García, nace en Granada el 18 de Agosto de 1944. Sus comienzos escénicos los inicia en el Cuadro Artístico del Liceo de Granada, junto a actores de la valía de Doña Marina Velasco y Don Ramón Moreno,

En 1963 traslada su residencia a Barcelona donde perfecciona sus estudios de Arte Dramático. Sin embargo habrá de ser en 1967 cuando decide dedicarse profesionalmente al teatro. En su incansable busqueda llega a sus manos «LA MUÑECA MUERTA» y se dedica por completo al montaje de esta obra.

Aquellos cuantos ven su interpretación llegan a la conclusión de encontrarnos ante una verdadera promesa del teatro español.

E24

An English family living in Majorca wish to receive English programmes by Satellite TV. They receive programmes from the ECS 1 Satellite. Which types of programme can they receive from England?

RECEPCION DE TV VIA SATELITE VIGENTE EN ESPAÑA

SATELITE	DE ANTENA*	CANAL/PAIS	PROGRAMACION
GORIZONT	1,20-1,80 mts.	URSS	1.º Programa Oficial TV soviética.
ECS 1	1,80-3,00 mts.	RAI UNO (Italia)	1.º Programa Oficial RAI italiana.
		OLYMPUS (Holanda)	Programación experimental de la Unión Europea de Radiodifusión.
		TV (Francia)	Espectáculos, entretenimientos.
		NEW WORLD CHANNEL (Noruega)**	Religiosa.
		WORLD NET (EEUU)	Noticiarios.
		SKY CHANNEL (Gran Bretaña)**	Películas, entretenimientos.
		TELECLUB (Suiza)	Películas.
		FILMNET ATN (Bélgica)	Cultural, películas, videoconferencias.
		WPN (EEUU)	Noticiarios, películas.
		3—SAT (Alemania)***	Entretenimientos, películas.
		SAT 1 (Alemania)	Entretenimientos, películas.
		MUSIC BOX (Gran Bretaña)	Videoclips y espectáculos musicales.
		RTL-Plus (Luxemburgo)***	Entretenimientos
AINTELSAT V F04	3,00-5,00 mts.	PREMIERE	Películas.
		THE CHILDREN'S CHANNEL	Programación infantil.
		SCREEN SPORT	Deportes.
		MIRROR VISION (Gran Bretaña)	Entretenimientos.
		CNN (EEUU)	Noticiarios americanos.

* El tamaño de la parábola dependerá en cada caso del nivel de señal recibido en el emplazamiento de la antena.   ** codificadas.   *** emite por otro haz.

PARA MAYOR INFORMACION
Tel. 28 72 53 - C/. POU N° 17 - PALMA.

E25

MIERCOLES

PRIMERA CADENA

«Aterriza como puedas «Largometraje especial»

07.45 Carta de ajuste: The Communards
07.59 Apertura y presentación

08.00 **XXIII Festival Infantil internacion de Ankara**

09.00 **Santa Misa.**

10.15 **Los Payasos de Hollywood**

11.05 **Documental**
«María Callas»

12.40 **Especial Dibujos animados**

14.00 **Telediario 1**

14.35 **Cuentos de hadas**
«Jack y las alubias mágicas»

15.30 **Festival mundial del circo**

16.30 **Dibujos animados**
«El Inspector Gadget: El aniversario de Mad»

17.00 **Barrio Sésamo**
«Espíval de Sesámot»

17.30 **La piedra blanca**
«Espisodio N.º 2»

18.00 **A tope**

19.00 **De 9 a 5**
«Separadas por un amor»

19.30 **Telediario 2**

20.05 **Nmemos**

20.55 **Canción triste de Hill Street**

21.55 **Los marginados**
«Sri Lanka: los dioses de la jungla»

22.55 **Telediario 3**

23.15 **Teledeporte**

23.40 **Largometraje**
«Aterriza como puedas». 1980. 85'.
   Dirección y Guión: Jim Abrahams, J. Zucker.
    Música: Elmer Bernstein.
    Fotografías: Joseph Biroc.

   Intérpretes: Robert Stack, Lloyd Bridges, Robert Hays, Julie Hegerty, Peter Graves, Leslie Neilsen, Ethel Merman, Karin Abdul-Jabbar.

SEGUNDA CADENA

El mar y el tiempo: «Lupe, Modas»

11.45 Carta de ajuste: Stevie Wonder
11.59 Apertura y presentación

12.00 **Hockey sobre hierba**
Torneo de Reyes

13.30 **Despedida y cierre**

17.45 **Carta de Ajuste: Stevie Wonder**

17.59 **Apertura y presentación**

18.00 **Balonmano**
Torneo de Reyes.
  España-URRS. Desde Oviedo

19.30 **Baloncesto**
Copa Korac.
  Dietor de Bolonia-Real Madrid.

21.00 **El mirador**

21.15 **Tendido cero.**

21.45 **Viento, madera y barro**
«Cuba: La tierra» (capítulo n.º 10).

22.15 **El Mar y el tiempo**
«Lupe, Modas» (capítulo 3)

23.10 **Tiempo de creer**
«Judíos»

23.25 Despedida y cierre

You look at the TV programmes to find out which programme your penfriend wants to watch at 6 p.m. on Channel 2.

1 What sort of programme is it?
2 As his parents always watch the news, why are they pleased about the timing of his programme?

These are the week's films on TV.
Match the titles to the appropriate brief
guide to their content.

Televisión

Estas fichas han sido preparadas
para que se puedan recortar y pegar
en las casetes de VHS

LAS PELÍCULAS DE LA SEMANA

Domingo 14
AVENTURAS
«Evasión en Atenea»

De George Pan-Cosmatos. Con
Roger Moore, David Niven, Telly
Savalas, Claudia Cardinale. 1979.
Color. Ciento veinte minutos. ★

Roger Moore

Videoteca................ ABC

Segunda Cadena. Hora: 18,00

Transcurre la acción en un campo de prisioneros situado en
una isla griega, durante la II Guerra Mundial, lo que, unido al
título, basta para dar idea del contenido del filme, ni excesivamente imaginativo ni demasiado personalmente rodado por el
director de la exitosa «Rambo». Espectáculo sin sorpresas.

Domingo 14
ESPIONAJE
«Licencia para matar»

De Clint Eastwood. Con Clint
Eastwood, George Kennedy, Jack
Cassidy. 1975. Color. Ciento
veintidós minutos. ★★

Clint Eastwood

Videoteca................ ABC

Primera Cadena. Hora: 22,40

Aunque sí se trata de una película de espionaje, no tiene nada
que ver, pese al título, con James Bond. Y, realizada con su
habitual «oficio» por su protagonista, no llega a mantener
al espectador en vilo, pese a lo logrado de las escenas de
escalada. Eastwood, como actor, permanece siempre pétreo.

Lunes 15
COMEDIA
«Una mujer para dos»

De Ernst Lubitsch. Con Fradric
Match, Gary Cooper, Miriam
Hopkins, Edward Evarett Horton.
1933. Blanco y Negro. Noventa minutos. ★★★

Miriam Hopkins

Videoteca................ ABC

Segunda Cadena. Hora: 21,20

Aunque en parte edulcorada por presiones externas, la obra de Noel Co-
ward que sirve de base al filme era lo suficientemente audaz para que aquél
lo siga resultando a más de cincuenta años vista. Una exquisita comedia
que se adelantó treinta años a «Jules et Jim», resuelta con elegancia y con
un magistral terceto protagonista, con mención para Miss Hopkins.

Martes 16
DRAMA
«Un día volveré»

De Martin Ritt. Con Paul Newman,
Sidney Potier, Joanne Woodward,
Louis Armstrong. 1961. Color. No-
venta y ocho minutos. ★★

Sidney Poitier

Videoteca................ ABC

Primera Cadena. Hora: 22,20

Newman vuelve a trabajar a las órdenes de su realizador favo-
rito, Martin Ritt, en esta historia de americanos en París, cen-
trada en el ambiente musical, no demasiado estimulante y en
exceso «turística», con el atractivo de un reparto en el que
cabe destacar la magnética «presencia» de Louis Armstrong.

Jueves 18
DRAMA
«Tema»

De Gleb Panfilov. Con Mijail
Ulianov, Inna Tchurikova, Ev-
gueni Vesnik. 1979. Color. Noventa y seis minutos. ★★

Videoteca................ ABC

Segunda Cadena. Hora: 22,15

Premiada en el Festival de Berlín, para el que fue autoriza-
da después de varios años de prohibición absoluta, esta película soviética, bien anterior a la «perestroika», afronta, con
pasable rigor crítico, la toma de conciencia de un intelec-
tual. Es una obra notable, aunque acaso en exceso farragosa.

Viernes 19
COMEDIA
**«La cenicienta
y Ernesto»**

De Pedro L. Ramírez. Con Antonella Lualdi, Franco Inerlenghi,
José Luis Ozores. 1957. Blanco y
negro. ★

Antonella Lualdi

Videoteca................ ABC

Segunda Cadena. Hora: 16,30

Variación sobre el tema clásico al que el título hace referencia, a
mayor gloria de a la sazón feliz pareja en la llamada «vida real»
que formaban sus protagonistas, planteada de forma un tanto
delicuescente y resuelta con escasa imaginación. Ozores desempe-
ña, una vez más, un cometido por debajo de sus posibilidades.

	Title		Guide
1	Un día volveré	**A**	Action takes place in a POW camp
2	Tema	**B**	A good film; loosely concerned with spying
3	Licencia para matar	**C**	A delightful comedy; ahead of its time
4	Evasión en Atenea	**D**	Centred on the Paris music scene
5	La cenicienta y Ernesto	**E**	A Soviet intellectual begins to ask questions!
6	Una mujer para dos		A good film; previously banned
		F	Variation on the classic Cinderella theme

SABADO

TV-1

09,05 A tope. (Repetición).

10,00 Diccionario de la salud. (Repetición). «Hiperten-sión».

10,30 El mago de Oz. «La Princesa Ozma».

10,55 48 horas.

11,00 La bola de cristal.

12,15 Nueva gente.

13,15 Lotería.

13,30 La otra mirada. «Hora-cio Quiroga».

14,30 48 horas.

15,30 El tiempo.

15,35 Isidoro. «Isidoro, caba-llero y ladrón».

16,00 Primera sesión. «Mi cerebro es electrónico» (1970).

17,30 Dibujos animados.

18,10 Las aventuras de Ted-dy Ruxpin. «Una mancha más».

18,35 Secretos y misterios. «Stonehenge».

19,00 Número 1.

19,35 La ley de los Angeles. «Episodio número 16».

20,30 48 horas.

21,05 Informe semanal. (Re-petición domingo 21, a las 09,00).

You are at home with your penfriend on Saturday afternoon. You often watch the cartoons at 5.30 p.m., but today you decide to see if you will be able to understand the film at 4 p.m., so you read the review notices in the two local newspapers.

Tick the review (or reviews) which:

1 gives the original title
2 lists the actors
3 says the film gives adults a rest
4 tells the story
5 names the school
6 tells what happens to the data and the boy's brain
7 names the boy
8 says what his friends then do
9 tells what happens next with the bets
10 says the latter part is boring
11 compares the film to ones made by another producer
12 says it is not worth adult viewing.

	A	B	Both

A

«Mi cerebro es electrónico»

Un producto de Disney con computadoras

Norteamericana. 1970. Direc-tor: Robert Butler. Intérpretes: Kurt Russell, César Romero, Joe Flynn, William Schallert, Alan Hewitt, Richard Bakalyan. 90 minutos. Color.

Valoración: ♣♣

16 horas. 1.ª Cadena

Los productos de la factoría Disney siguen apareciendo esporádicamente en «Primera sesión». Son, evidentemente, películas idóneas para que los más pequeños pasen un rato ante la pequeña pantalla y permitan a los adultos descan-sar de los rigores del verano. «Mi cerebro es electrónico» no es una excepción en este as-pecto.

Pocos de los alumnos del modesto colegio de Medfield podían imaginar que al recibir como regalo una computadora su vida iba a cambiar tan radi-calmente. La causa se debe a que uno de ellos, Dexter,

manípula la máquina y recibe una tremenda descarga que conlleva el que todos los datos de aquélla pasen a su cerebro. Se convierte, pues, en un genio que lo sabe absoluta-mente todo.

Naturalmente, cuando sus compañeros descubren estas habilidades se dedican a explotarlas convenientemente. Lo hacen participar en concur-sos entre colegios, donde resulta invencible al contestar sin fallo a todas las preguntas. Pero su antiguo dueño amena-za con acabar con todo esto al recurrir a la computadora para sacar partido de apuestas ile-gales. Los «gangsters» entran en acción.

Lo demás se da ya por sobreañadido. Un relato infan-til que no reclama la atención de los adultos y en el que pue-de verse a un Kurt Russell, hoy actor de moda, cuando sólo tenía 18 años.

B

—«MI CEREBRO ES ELEC-TRONICO» («THE COMPUTER WORE TENNIS SHOES»). Esta-dos Unidos, 1970. Director: Ro-bert Butler. Guión: Joseph L. MacEvesty. Fotografía: Frank Phillips, en technicolor. Música: Robert F. Brunner. Duración: 87 minutos. Intérpretes: Kurt Rus-sell, César Romero, Joe Flynn, William Schallert, Debbie Paine, Alan Hewitt, etc. Discreta pro-ducción de la factoría Disney, en la que se cuenta cómo un estudiante, por azar, se convier-te en un genio al pasar todos los datos de una computadora a su cerebro. La computadora era utilizada para los juegos de apuestas, y así entran en acción unos gangsters que pretenden secuestrar al chico. Un argumen-to que se plantea con interés y que luego cae en las situaciones más tediosas y tópicas. Más o menos similar al de muchas comedias juveniles de hoy pro-ducidas por Spielberg y sus imitadores, con sus gotas de fantasía y dirigidas al público adolescente. (PRIMERA SE-SION).

P

¿Ves mucho la TV? ¿Qué tipos de programa te gustan? ¿Prefieres películas, series, documentales o dibujos animados? ¿Por qué?

E28

There is a good film on at the local cinema. Who is not allowed to see this film?

E29

Cinemas are facing strong competition from video film hire, according to this article. Mention three points about the new Metropolitan cinema complex that would attract you there.

● *Irreconocible.*— El Metropolitan está irreconocible mientras las obras se desarrollan a todo ritmo. El mes próximo todo será diferente.

● *Una gran oferta.*— La intención de los propietarios es la de contar con la mejor oferta de exhibición cinematográfica de Mallorca.

Los propietarios del Metropolitan han tenido que hacer frente al eterno dilema, o una renovación profunda o el sucumbir ante la fortísima competencia de los video-clubs. Los nuevos «multicines», que pueden entrar en funcionamiento el mes próximo, tendrán una capacidad total de cerca de 1.400 personas en cinco salas. La fábrica de sueños sigue adelante buscando salidas a la crisis.

Juan Riera
Fotos: Joan Celià

Renovarse o morir

Los nuevos multicines «Metropolitan», con cinco salas, tendrán capacidad para 1.400 personas

Los proyectores estarán sincronizados a una cabina con circuito cerrado de televisión

Los dueños del Metropolitan, Sebastián Salom y Juan Riutort, que también controlan el Rívoli y el Lumière, se han decidido por una inversión multimillonaria para hacer frente a los tiempos modernos. La magia del cine había entrado en una peligrosa vertiente de extinción. Una empresa catalana especializada en salas de espectáculos lleva a cabo la reforma, que cambiará radicalmente el estilo del viejo Metropolitan.

No obstante, la sala principal se mantendrá en el mismo lugar y con las mismas dimensiones de como la ha conocido el público mallorquín durante 22 años, aunque es posible que cambie su tradicional decoración de color rojo.

La pantalla, la mayor de Mallorca, tendrá unas dimensiones de 16 metros de anchura por 7'5 de alta y esta sala tendrá capacidad para 700 butacas. No obstante, el antiguo anfiteatro, cuya longitud está siendo ampliada en cerca de diez metros, será sala independiente con cabida para 300 personas. A su vez, la ampliación abarca dos locales situados a ambos lados de la sala principal, en el que da a la calle Juan Bauzá será ubicada una pequeña sala de menos de cien butacas y en la otra parte otras dos con más de cien plazas cada una.

Sistema sincronizado de proyección

Sólo tres operadores harán funcionar las cinco salas mediante una cabina central que controlará, automáticamente, todas las películas. Ello será posible porque cada sala, excepto una, funcionará con una sola máquina y no con dos, que era la técnica habitual de los viejos cines. Antes, cada película se dividía en varios rollos. Cuando una máquina acababa su rollo se daba pie a la otra y el

film continuaba sin interrupción. Ahora, una sola cinta horizontal que alimentará a un único proyector será suficiente.

Los nuevos multicines seguirán manteniendo la exclusiva de las principales productoras norteamericanas, Metro, Paramount y Universal. De hecho, desde que el viejo Metropol se convirtió en Metropolitan Palace en 1966, esta empresa ha tenido suerte con las películas que ha contratado. La que inauguró aquella etapa, que ha terminado hace pocos meses fue

● *Nuevas salas.*— Con la reforma, el cine verá altamente potenciada su capacidad y la calidad de sus películas.

«My Fair Lady». Desde entonces, los éxitos más importantes han sido «Tiburón», «Terremoto» y «ET», títulos ultracomerciales que, a la postre, siempre son los capaces de batir récords en las taquillas.

El cine Metropol fue fundado por Antonio Servera en noviembre de 1944. Ayer lo recordaba Tomeu Ramis, encargado del local, que trabaja en la empresa desde 1946. Para Ramis «esta reconversión era más que necesaria. Hay que tener en cuenta que hay películas minoritarias que tienen su público, pero que no pueden sostenerse en una sala grande. Además, hoy en día una buena película resiste menos tiempo que hace unos años. El pasarla a una sala más pequeña permite una mayor renta-

bilidad», destacó.

Diez proyecciones en la misma zona

La zona de Pedro Garau pasará a convertirse en el principal núcleo cinematográfico de toda la isla. Entre los «Chaplin» y los «Metropolitan» habrá diez ofertas a la vez. Asimismo, no lejos se encuentra el Hispania de Rafael Salas. Ello vendrá a contrarrestar el cierre del viejo Born y de otros cines de Palma, en un proceso que parecía imparable desde hace años.

No obstante, todo indica que la oferta cinematográfica tiende a concentrarse en muy pocas instalaciones. La rentabilidad y la dura competencia del video ha marcado esta nueva estrategia empresarial. No obstante, los exhibidores, pese a tener participación en video-clubs, siguen considerando que «jamás será lo mismo ver una película en video que en pantalla grande».

HAY MUSICA DE TODOS LOS PAISES
Y PARA TODOS LOS GUSTOS
TODO EL DIA
DEDICADO A TI

103.2 FM
en antena 3

LA RADIO INTERNACIONAL EN INGLES

Música

E30

What would you hear if you tuned in to 103.2 FM?

NEW DISCO

METROPOLIS

DISCOTECA

* Precios populares
* Dos pistas de baile
* Tu ambiente más selecto
* Billar
* La mejor música independiente
* Con los mejores grupos del país e internacionales
* Vídeo – Vídeo – Vídeo

ENTRADA LIBRE
Pague en la puerta sólo lo que beba

DOS CONSUMICIONES
AL PRECIO DE UNA
(INCLUIDO WHISKY)

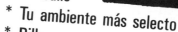
LA MEJOR OFERTA
CALIDAD - PRECIO

395 Ptas.

TORREMOLINOS CENTRO - COMPLEJO SAN ENRIQUE

E31

You are given this handout outside a disco.
1 How much do you pay to go in?
2 What special offer applies to drinks with this ticket?

P

a ¿Hay una discoteca en tu pueblo, barrio o ciudad? ¿Cómo se llama?
b ¿A veces, hay actuaciones de cantantes o conjuntos, o ponen solamente discos y cintas?

mecano en Tenerife!

Plaza de Toros
Jueves 30
de Abril
9 de la noche

ENTRADAS: 800 pts.
(incluida degustación gratuita de cerveza DORADA)
Comprándola antes del 23 de Abril participas en el sorteo de un VIDEO
ESTEREO PHILIPS VR 2350 de luz-hogar TENERIFE

Y una colección de discos de Mecano.

A la venta en:
DISCOS manzana
Sta.Cruz - La Laguna - Pto de la Cruz
GALERIAS Sección de Discos
PIZZERIA Da gigi
RhinBarril CERVECERIA
LA XAMPANYERIA
En Playa de las Américas:
NAYCO'S 1 Veronicas,3 NAYCO'S 2 Shopping Center
Y en la PLAZA DE TOROS
a partir del 28 de Abril

E32

While on holiday with your parents in Tenerife, you notice this advertisement for a pop concert.
1 Where is the concert to be held?
2 What does the price include?
3 What special offer do you get if you buy your tickets before the 23rd?
4 Name three places where you might buy tickets.
5 How many days before the concert can you get tickets at the door?

P

¿Conoces algunos cantantes o conjuntos españoles?

LA DIVERSIÓN Y
LA BUENA MESA

Nord de Mallorca

Las Discotecas
Las Boutiques
La Gente

Xiroi, la discoteca de la playa de Son Moll, en Cala Ratjada ya tiene abierto a diario con un ambiente plenamente veraniego. Muchas han sido las innovaciones, y en la dirección un personaje muy conocido en el mundo de la noche Toni Garriga, que además de dirigir se le vé muy a menudo en la cabina poniendo música y creando ambiente junto a Paco Romero, el disc-jokey.

☆☆☆

Mientras en Sevilla la juerga y el ambiente en las casetas de la feria está por todo lo alto esta noche en **Menta** se han montado una fiesta con la Feria de Abril sevillana como fondo. Seguro que no va a faltar el flamenco ni el ambiente de caseta. El problema empezará si vienen muchos caballistas acompañados de sus damas. Como quien dice nos vemos en la Feria de Abril.

☆☆☆

Ya tiene abierto el restaurante **El Principe** con el mismo ambiente y la buena cocina que le caracteriza. Son varias las especialidades incorporadas recientemente a la carta. Un punto a tener en cuenta es que disponen de varios menús pensados para celebraciones y banquetes además de unas instálaciones excelentes para este tipo de acontecimientos.

☆☆☆

La pasada semana tuvimos oportunidad de tomar unas copas en el piano bar **Norai,** en Cala Ratjada. El local, dotado de una decoración muy conseguida, posee una clase indudable. En cuanto a la música estaba al piano Josep Maria Amorós, un pianista de reconocida clase, muy a tono con el ambiente.

☆☆☆

Lo último que acaba de aparecer en el mercado europeo de vídeo musicales ya está en **Tiffani's disco,** traídos directamente de Alemania y aparte de disfrutar viéndolos el sonido es fenomenal. Por cierto que el pasado fin de semana ya se han empezado a ver las primeras guías de Can Picafort en la sal, esto quiere decir que ya falta muy poquito para iniciar la temporada.

☆☆☆

Ambiente de los sesenta y mucha salsa en **Belle Epoque** con la actuación en directo del grupo Salsa-3 y de Gina como voz solista. Los fines de semana continúa a tope, lo que es una fiel muestra de que el ambiente de hace treinta años continúa en plena efervescencia.

E33

Here is a guide to discos and clubs in the north of Majorca. Can you match up the places with their principal features?

1	Menta	A	Beach party
2	El Príncipe	B	Piano music
3	Norai	C	German records
4	Tiffani's Disco	D	Sixties music
5	Belle Epoque	E	Andalucian atmosphere
6	Xiroi	F	Good restaurant

E34

Here is some information about two very different musical events which will take place in the summer.

A

1 Where and when will the guitar recital take place?
2 Where can you make advance bookings?
3 What will you get if you are a regular reader?

B

1 Has the group been to Spain before?
2 How many concerts will they give?
3 What may their fans then have to do?

A

Festival Internacional de música Castell de Peralada

1988

Del Barroco al Bel Canto

Agosto 15
Lunes, a las 19.30 h. Iglesia
Narciso Yepes, *Guitarra*
Falckenhaguen, Scarlatti, Bach, Mertz, Sor

Agosto 15
Lunes, a las 22.30 h. Murallas del Carmen
Dido and Aeneas, *de H. Purcell*
M. Caballé, I. Caddy,
M. Hill Smith, M. Bovino
English Bach Festival
Baroque Orchestra
David Roblou, *Director*
"Música para los Reales Fuegos artificiales", *de G. F. Haendel*

Venta anticipada de localidades en
LA VANGUARDIA,
Pelayo, 28. Teléfono 301-28-47

Descuento especial para los suscriptores de LA VANGUARDIA

Número de entradas limitadas

B

Pink Floyd

Pink Floyd, una banda histórica, llegará por primera vez a España durante el mes de julio –actuación el día 20 en Barcelona y el 22 en Madrid– después de que los aficionados suspirarán durante décadas por verlos en directo. El sueño se cumple al fin.

P

a ¿Cuál es el conjunto que más te gusta?
b ¿Has asistido a alguna actuación?
c ¿Tienes muchas cintas?

E35

You see the above notice in the Hotel Las Palmeras
in Fuengirola where you are staying on holiday.
What sort of music is likely to be heard every night?

P

Dile a tu compañero(-a) cómo
se va desde el hotel hasta el
Tablao Flamenco.

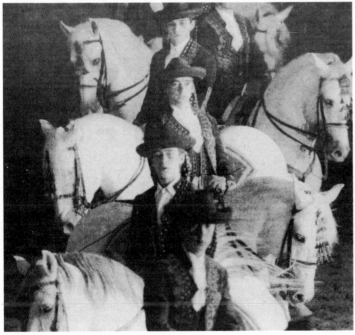
E36

This leaflet attracts your attention.
1 What sort of spectacle is being
  advertised?
2 Can you obtain tickets in advance?
3 At what time and where is the
  event taking place on 4th
  September?

E37

Which entrance (**A or B**) would you go to if you wanted a seat in the shade?

A

SOMBRA
Entradas y Localidades

B

SOL
Entradas y Localidades

E38

According to the poster:

1 When does the bull fight begin?
2 How many bulls will there be?
3 Where would you be if you bought the most expensive ticket?

—¿QUE OS PARECE?¿Y SI SUSPENDIERAMOS EL PARTIDO?

PLAZA DE TOROS
«José Luis Andrés»

Empresa: ZULUETA, S. A.

LLORET
DE
MAR

DOMINGO 23
Agosto

TARDE,
A LAS 5

GRAN
CORRIDA de NOVILLOS
SIN PICADORES

Con permiso de la Autoridad y si el tiempo no lo impide, serán lidiados, banderilleados y muertos a estoque

6 MAGNIFICOS NOVILLOS, **6**
de la Ganadería de D.ª *María Ortega Gil,* de ALCALA DE LOS GAZULES, (Cádiz), con divisa blanca, verde y grana. Señal; Puerta en ambas orejas, **por los Tres Grandes Novilleros,**

ZOILO
PERPINER
"ZOILO"

OSCAR ALONSO
"Paco Sevilla"

ANGEL
MAJANO

TAQUILLA OFICIAL:

Lloret de Mar:
Prat de la Riba, 2 - Teléf. 33 48 38

Tossa de Mar:
Francisco ROS - José Antonio, 14
Tienda, 8 - Teléf. 34 03 97
Portal, 15 - Teléf. 34 02 87

Blanes:
Hotel MIRAMAR - Paseo del Mar
Calvo Sotelo - Tel. 33 OC 56

BANDERILLEROS: Julián de la Iglesia, Juan Cabello, Antonio Cánovas, Antonio Herrera, Francisco López Fonseca, Andrés Barrantes, Antonio Márquez, Miguel Valenzuela y Juan Ponce.

Un Puntillero.

N O T A S ;
Las Reglamentarias.

PRECIOS:	SOMBRA y SOL y SOMBRA		SOL
(Impuestos incluidos)	Barreras . . . 350 Pts.		300 Pts.
	Delanteras . . . 300 »		250 »
	Tendido filas 1 a la 7. 250 »		225 »
	» demás filas. 225 »		200 »

Imp. Vda. Franquet - Platería, 26 - Gerona

Chapter 5
Haciendo la compra

Se puede comprar y vender de todo en España, pero ¿cómo vas a hacerlo si no entiendes precios, letreros y publicidad?

Pásalo bien cuando vayas de compras – ¡es muy divertido!

A Las tiendas

Here are some of the shop signs you will see in a Spanish town.

E1

Write the letter(s) of the shop(s) that you would go to if you wanted the following articles:

1 A cake
2 A rug
3 A guidebook
4 A camera film
5 Some prawns
6 Some perfume
7 Some meat
8 A pair of earrings
9 A paella pan
10 A tie

A  CARNECERIA SAN ELIAS

B LIBRERIA CASANOVA LA CASA DEL MAGISTERIO

C FERRETERIA · HOGAR BRICOLAGE MENAGE

D  16 PESCADOS Y MARISCOS MONFRADE

E  RELOJERIA F. PAMPLONA RELOJ FESTINA

F SASTRERIA

G VICENTE PLANA FOTOGRAFIA DROGUERIA PERFUMERIA

H CONFITERIA PASTELERIA NAVAL

I Quesada 1890 Tapicerias Alfombras Decoración

J perfumeria ARTICULOS REGALO

P

a ¿Cómo se llama la persona que trabaja en una carnicería; en una pescadería; en una relojería; en una frutería?
b ¿Qué se puede comprar en un estanco; en una droguería; en una lechería; en una panadería?

A HORARIO
MAÑANAS de 8 HRS. a 14 HRS.
TARDES de 17 HRS. a 20 HRS.
SABADOS de 8 HRS a 14 HRS.

B Horario para el mes de AGOSTO
Mañanas – de 10½ a 1½ h.
Tardes – de 5'- a 7'- h.
Sabados – Cerrado.

E2

1 According to these notices, which shop (**A or B**) has the longest lunch hour?
2 Which shop is open on a Saturday?

P

a ¿A qué hora se abren las tiendas de tu barrio?
b ¿Qué día(s) se cierran?

E3

You are in Majorca and decide to spend a day shopping in Palma, the capital. You have several items on your shopping list. Which can you accomplish, according to the advertisements above?

1 Buy a newspaper.
2 Buy a battery for your watch.
3 Buy some flowers.
4 Buy some contact lens solution.
5 Buy a record.
6 Buy some stamps.
7 Buy some crisps.
8 Buy some new clothing.

E4

These shops are all found on the Costa del Sol. Which firm specialises in:
1 made-up curtains
2 kitchen furniture
3 stationery
4 food?

B   El mercado

You go to an indoor food market with your Spanish host family and are confronted with a variety of signs.

E5

At the entrance you see a guide to the stalls.
Which floor would you go to for:

1 cheese
2 spices
3 cakes
4 cabbage
5 salami?

PLANTA B
FRUTAS ◆ VERDURAS
BAZARES ◆ LEGUMBRES COCIDAS
FLORES Y PLANTAS
PANADERIA Y PASTELERIA
DROGUERIAS ◆ LECHERIAS
MERCERIAS

PLANTA C
CARNICERIAS ◆ CHARCUTERIAS
POLLERIAS ◆ ULTRAMARINOS
SALAZONES Y ENCURTIDOS
HERBORISTERIAS ◆ ESPECIES

PRODUCTOS
ACELGAS
AJOS
ALBARICOQUES
ALCACHOFAS
CEBOLLAS
CEREZAS
CIRUELAS
CLEMENTINAS
LIMONES

MANZANAS GOLDEN
MANZANAS STARKING
MELONES
NARANJAS DE MESA
NARANJAS ZUMO
NARANJAS MALLORCA
NARANJAS PENINSULA
FRESAS
PERA BLANQUILLA

E6

Here is a guide to the fruit and vegetables available. Can you name six different fruits?

PLATANOS 1ᴬ
SANDIAS
TOMATES CANARIOS
TOMATES DE ENSALADA
UVA BLANCA
UVA NEGRA

E7

What are the special offers?

HAY, CADA DIA UNA OFERTA. PERA BLANQUILLA 80k PIDANLOS · POR FAVOR KILO

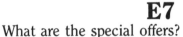

GRANDES OFERTAS DE ACEITUNAS

E9

How much are pork chops?

CHULETAS Cordero 1580 | FALDA Cordero 350 | CARNE con Hueso 400 | BISTECS Ternera 1100 kilo | chuletas aguja 458 | chuletas CERDO 558

E10

Which type of meat is the least expensive?

PATOS PVP 500 Pts. Kilo
POLLOS PVP 320 Pts. Kilo
PAVOS PVP 400 Pts. Kilo
GALLINAS PVP 220 Pts. Kilo
CONEJOS PVP 700 Pts. Kilo

E8

Which stall (**A or B**) sells tinned fruit?

A **FRUTOS SECOS**

B FRUTAS ALMIBAR

P

Con tu pareja de clase, elige uno de estos puestos y haz el papel de dependiente o cliente.

LOS PRECIOS DE LA SEMANA

En un recorrido por el mercado de El Olivar hemos podido observar que uno de los artículos más caros, hoy por hoy, es el pollo, aunque éste continúa siendo uno de los productos cárnicos a la venta con precios más asequibles.

Lo más barato

Hortalizas

■ **Tomates de ramillete entre 150 y 250 pesetas.**—El tomate de ramillete registra en estos momentos los mejores precios de toda la temporada. No obstante, para el consumidor que decida realizar una conserva de tomate es aconsejable que espere a la segunda o tercera producción, porque los primeros no son los óptimos para conseguir un perfecta conserva.

Frutas

■ **Manzanas «Golden» entre 60 y 165 pesetas.**—En estos precios se incluyen las manzanas nuevas y las que llevan ya a la venta varios meses. Las manzanas nuevas de la variedad «Golden» recién aparecidas en el mercado de El Olivar presentan un precio de frecuencia de 80 pesetas el kilo, coste que se puede considerar muy ventajoso.

Carnes

■ **Carrillada entre 340 y 530 pesetas.**—La carrillada, denominada en Mallorca «galta de vadella», es un producto cárnico a buen precio. Su cotización oscila entre las 340 pesetas el kilo -correspondiente a la pieza que lleva incorporada el paladar- y las 530 pesetas, este último precio es más alto porque se vende sin paladar.

Pescados

■ **Almejas entre 1.000 y 1.800 pesetas.**—Aunque esta variedad siempre presenta costes muy elevados, como todos los mariscos, ahora sus precios no son excesivamente caros.

Lo más caro

Uvas

■ **Uvas entre 220 y 260 pesetas.**—Estos precios corresponden a las variedades sin pepita, el primero de ellos a la negra y el segundo a la blanca, denominadas «Flen» y «Superior».

Alcachofas

■ **Alcachofas entre 480 y 700 pesetas.**—Son las primeras de la temporada, de ahí que estén tan caras, por ello recomendamos las congeladas (350 pesetas) más baratas y sin mermas.

Pollo

■ **Pollo entre 270 y 325 pesetas.**—Después de progresivas subidas de los precios del pollo, este producto alcanza ahora costes muy altos en relación a los que presenta habitualmente.

E11

Here is a consumer guide to the market produce currently available.
1 Which variety of apple is the best value?
2 If you wanted some fish, which is a good buy?
3 What is said about grapes?
4 Why are artichokes so expensive? Which sort is recommended and why?

P

¿Cuál es tu fruta preferida? Descríbela, sin decir su nombre. Tu compañero(-a) debe adivinarla.

E12

According to another report on prices in the market, which of the following statements are true?
1 Bad weather has led to shortage of fish in the market.
2 Lamb chops are in great demand.
3 This article was written after Easter week.
4 The strawberry season has not yet started.
5 The price of oranges has fallen.

Los precios de chuletas de cordero se adaptan a la fuerte demanda

L.H.

A pesar del mal tiempo que hemos sufrido en los últimos días y que ha influido, por tanto, en la escasez de capturas, se cierra la semana de mercados con mucho pescado en los puestos a precios muy altos. Variedades como el salmonete, pescadilla, rape pelado, es decir, el pescado blanco en general, e incluso el azul, como la sardina, jurel, caramel y bacaladilla, presentan precios por encima de los que suelen ser habituales.

En relación a la carne, los precios de las chuletas de cordero se han adaptado a la gran demanda existente a raíz de que la Semana Santa ya está cerca. Las chuletas de cordero registran precios que oscilan entre las 850 y las 1250 pesetas, siendo los más representativos los de 900 y 1000 pesetas. Las bandas enteras de chuletas de cordero se venden a 820 pesetas kilo. La carne de conejo ha mejorado de precio en el Mercado del Olivar, situándose entre las 558 y las 650 pesetas. Y en cuanto a la lechona, hay ahora más calidad y variedad

SUBEN LAS NARANJAS

Respecto a frutas, el fresón sigue mejorando de precio, oscilando entre las 140 y las 440 pesetas kilo, los precios de frecuencia son de 160 pesetas para el fresón pequeño y 260 para el fresón grande. La naranja ha registrado una segunda subida de 5 pesetas en lo que va de semana, por lo que su precio actual está entre las 30 y las 60 pesetas. Por último, la naranja «navel Mallorca» presenta un precio de frecuencia de 40 pesetas, la naranja de zumo tiene un precio que oscila entre las 35 y las 50 pesetas y la naranja «navel Península» está entre las 65 y las 90 pesetas.

HORTALIZAS	Pl. Olivar
Patatas	62
Tomates	180
Lechuga	80
Col	80
Rabanitos	50
Alcachofas	60
Judias verdes	280
Habas	100
Espinacas	45
Guisantes	240
Zanahorias	60
FRUTA	
Naranjas	40
Manzanas	120
Plátanos	160
Peras	180
CARNE	
Pollo	260
Conejo	620
Carne estofado	750
Higado ternera	750
PESCADO	
Sardina	250
Mejillones	180
Pescado sopa	800
Caramel	350
TOTAL	5.697

C Los grandes almacenes

E13

In a large department store you see several signs to help you shop more easily. State which sign (**A, B, C, D or E**) indicates where:

1 you can leave your shopping
2 you can try clothes on
3 you can leave quickly in case of fire
4 you can buy food
5 you can buy a coffee percolator.

A CONSIGNA
B MENAJE
C SALIDA DE EMERGENCIA
D PROBADORES
E ROPA DE HOGAR OPORTUNIDADES ALIMENTACION

P

¿Existen grandes almacenes en tu pueblo, barrio o cuidad? ¿Cuáles son las ventajas de los grandes almacenes?

E14

Barcelona has several shopping malls, each with its own characteristics. Name the mall which:

1 has gift and sports shops
2 is in the centre of the town
3 is the oldest
4 has French and Italian fashion shops
5 is the most popular.

El primer centro comercial de estas características que se creó en Barcelona fue *Bulevard Rosa*, situado en pleno Eixample. Se abrió en el año 1978, creando una calle peatonal, un bulevard con tiendas a ambos lados que iba desde el passeig de Gràcia a la Rambla Catalunya.

Otro importante centro comercial es *Diagonal Center*, con 75 tiendas situadas en el centro de Barcelona y en las que se pueden encontrar las primeras marcas en moda, La Bul, Ginger, Alain Manoukian, Valery... *Galerías La Avenida* se encuentra en la Rambla Catalunya y sus tiendas responden a una confección muy elegante; además, como todo este tipo de establecimientos, cuenta con papelería, objetos de regalo, decoración, joyería, deportes, heladería y un bar.

Galerías Turó está en la calle Tenor Viñas y es muy similar a la anterior.

Galería Ferriça, en Puertaferrisa, es quizá la más popular y, por lo tanto, la que ofrece precios más asequibles.

Barcelona

Y en pleno barrio Gótico se encuentran las *Galerías Maldá*, que iniciaron su andadura en plena postguerra, noviembre de 1942. Hoy son muy distintas de aquel centro comercial que se abriera hace cuarenta y tres años: quedan muy pocos comerciantes de los originales, pero no han perdido ese *charme* que siempre han tenido. Parte de su actualización consiste en la instalación de un pequeño cine de arte y ensayo. Entre sus firmas se puede destacar Montijo, que vende

Galerías Turó.

elegancia y buen gusto muy al estilo italo-francés, y ya en la línea moderna, Tiza. Ollé es la única *boutique* masculina de toda la galería, y en Iris puedes encontrar cualquier detalle de bisutería.

Diagonal Center.

E15

Departamentos:
Hogar Menaje. Artesanía. Cerámica. Cristalería. Cubertería. Accesorios de Automóvil. Bricolaje. Loza. Orfebrería. Porcelanas (Lladró, Capodimonte). Platería. Regalos. Vajillas. Saneamiento. Artículos de limpieza. Plásticos. Ferretería. Pequeños Electrodomésticos. Jardinería. Baterías Cocina. Acero Inoxidable.

Departamentos:
Complementos de Moda. Perfumería. Cosmética. Joyería. Bisutería. Bolsos. Fumador. Librería. Marroquinería. Medias. Pañuelos. Papelería. Relojería. Sombreros. Turismo. **Discos.** Perlas Majórica. Pastelería y Golosinas. Cinturones. Abanicos. Paraguas. Gafas de Sol. Fotografía. Juegos Sociedad. Departamento "Cosas".

Departamentos:
Señoras. Confección. Punto. Peletería. Boutiques Internacionales. Lencería. Corsetería. Futura Mamá. Tallas Especiales. Ante y Napa.

Departamentos:
Hogar Textil. Mantelerías. Toallas. Edredones. Ropa de cama y mesa. **Tejidos.** Mercería. Sedas. **Zapatería.**

Departamentos:
Caballeros. Confección. Ante y Piel. Boutiques. Ropa interior. Sastrería a medida. Artículos de Viaje. Complementos de Moda.

2.º SOTANO

Servicios:
Aparcamiento. Carta de Compra. Fotocopias. Taller de montaje de accesorios del Automóvil. Envíos a domicilio. Envíos nacionales y extranjeros. Devolución I.V.A.

1.er SOTANO

Servicios:
Flores y Plantas Naturales. Reparación de calzado. Duplicado de llaves. Plastificado de documentos. Grabado de objetos.

PLANTA BAJA

Servicios:
Intérpretes. Información. Tabacos. Objetos perdidos. Reparación de Relojes.

1.ª PLANTA

Servicios:
Conservación de Peletería.

2.ª PLANTA

Servicios:
Patrones de Moda.

3.ª PLANTA

Departamentos:
Niños-Niñas (4-14 años). Confección. Boutiques. Complementos. Bebés. Confección. Carrocería. Canastillas. Regalos Bebé. Zapatería Bebé. **Juguetes.** Niños-Niñas (4-10 años). Chicos-Chicas (11-14 años). Colegios. Tienda de Caprichos.

Departamentos:
Juventud. Confección. Tienda Vaquera. Lencería. Corsetería. Punto. Boutiques. Complementos de Moda. Discos.

Departamentos:
Supermercado. Oportunidades.

Departamentos:
Lámparas. Alfombras. **Imagen y Sonido.** Grandes Electrodomésticos. Muebles de Cocina. Visillos. Moquetas. Cortinas. Tapicería. Papeles Pintados. Microinformática.

Departamentos:
Deporte. Prendas Deportivas. Zapatería Deportiva. Armería. Complementos. Marcas internacionales.

4.ª PLANTA

Servicios:
Listas de Boda. Lista de Primera Comunión.

5.ª PLANTA

Servicios:
Unidad Administrativa (Tarjeta de compra El Corte Inglés). Venta a plazos. Cheques-Regalo. Post-Venta.

6.ª PLANTA

7.ª PLANTA

Servicios:
Alquiler de películas de Vídeo. Estudio de Decoración. Asesoramiento Microinformática.

8.ª PLANTA

Servicios:
Agencia de viajes. Cambio de moneda extranjera. Peluquería de Señoras, Caballeros y Niños. Centro de Seguros. Tramitación licencias para Armas, Caza y Pesca. Centro de Comunicaciones (llamadas telefónicas nacionales e internacionales).

9.ª PLANTA

Servicios:
Cafetería-Restaurante. Terraza.

El Corte Inglés is another large and well-known department store. While shopping, you decide to look around. Here is the store guide to all the various departments and services available. Check on which floor you will find:

		Floor
1	a present for your penfriend's mother – maybe something in glass or something for the garden	
2	a toy for her five-year-old sister	
3	an accessory or a little gift for your mother	
4	a pair of shoes for yourself	
5	a video to hire for this evening	
6	a drink and a place to rest.	

D Las ofertas

You are given this hand-out advertising special offers. What is the occasion?

1 Your sister needs a cheap, but waterproof, watch. Which will you suggest?
2 Your parents need an alarm clock as they keep oversleeping. Why would the Casio one be useful?
3 You like listening to the radio, but your family do not. What could you buy for yourself to help the situation?

Your penfriend's younger brother needs to be kitted out for school. He needs size 26 shoes, a mac, trousers and a sports bag. If they buy all these items at the Continente hypermarket, how much will everything cost?

La oferta más lista Para volver al cole

Cazadora polipiel aviador, tallas 4 a 16
4.995

Cazadora tejana con detalles piel, tallas 4 a 16
3.250

Impermeable fantasía, tallas 4 a 16
895

Cazadora TACTEL, tallas 4 a 16..
2.950

Pantalón tejano clásico piedra, tallas 4 a 16
1.295

Falda tejana con apliques polipiel, tallas 4 a 16
1.295

Pantalón pana gomas cintura niño, tallas 4 a 16
1.295

Chándal felpa estampado, tallas 4 a 16 ....
895

Pijama estampado niña, tallas 4 a 14 ....
650

Bebé

Jersey punto perlado, tallas 1 a 6 años
995

Abrigo bebé CIRE, forro borreguillo, tallas 1 a 6 años
2.250

Chándal bebé estampado, tallas 1 a 5 años
995

Calcetín ORLON **99**

Calzado

Bota niña fantasía, forro borreguillo, núms. 27 al 38
2.250

Bota chubasquera fantasía SNOOPY, núms. 21 al 29 ....
1.175

Zapato niño colegial en piel, piso goma, núms. 27 al 38 ....
1.650

Zapato niño piel, piso goma, núms. 24 al 38 ....
1.895

Deportivo niño en piel, núms. 27 al 37
1.350

Material Escolar

Recambio tamaño folio, 100 hojas, 4-16 taladro, CONTINENTE ....
96

Paquete 100 hojas folio CONTINENTE ....
90

Cuadero tamaño folio, 80 hojas cuadrícula CONTINENTE ....
90

Carpeta de plástico, 16 anillas, tamaño folio ....
335

Caja 12 rotuladores CONTINENTE ..
96

Plumier 12 pinturas ....
250

Bolsa con 3 bolígrafos ....
37

Juego de dibujo CONTINENTE ..
175

Balón basket ....
749

Bolsa deporte YUSHIMA .....
1.590

Macuto especial NBA ....
995

Macuto especial HARVARD
650

La oferta más lista... PARA VOLVER A CASA

MENAJE-HOGAR

Conjunto: cafetera alumino 6 tazas y juego de café. 6 servicios ____
995

Olla a presión ALZA, súper-rápida, 6 lts. _____
4.695

Juego 2 cazos, aluminio antiadherente, 12 y 14 cm. ___
550

Vajilla 20 piezas, loza decorada
1.950

¡ESTA BATERIA TE REGALA UN FIAT!

Bateria de cocina 8 piezas, con fondo difusor, cocina sin agua y sin grasa. línea oro ___
14.975

IMAGEN Y SONIDO

Equipo Hi-Fi SCHNEIDER, mod. 2650, con compact-disc. 80 watios, doble pletina, ecualizador 5 cortes, altavoces de 2 vías y mando a distancia
49.500

Video GOLDTONE, mod. 6291, VHS, HQ, 4 programas, 14 dias. con mando a distancia por infrarrojos
39.900

Cinta video 3 horas SAMSUNG, VHS o Beta ....
445

TV. color 14" SANYO, modelo Qu4ttro-3265, con mando a distancia
49.900

Ordenador ELBE Pc 3011 con impresora, modelo EP 80
127.500

E Los periódicos

E18

Your penfriend is scanning a local newspaper to look for some Christmas presents for his brother and sister. Their interests are coin collecting, chess, table tennis and he knows his sister would like to learn the saxophone. Which telephone numbers could he contact?

32 COLECCIONISMO

(VENDO)

VENDO décimos de lotería de los años 51 y 53. Tel. 28 48 97.
VENDO colección de monedas de plata, olimpiadas Montreal. Tel. 23 58 32.
VENDO gran colección de cajas de cerillas. Y regalo otras tantas vacías. Tel. 71 26 04. tardes.
ESPECIAL para coleccionista vendo máquina de escribir del año 1.910. Tel. 46 58 70.
VENDO coleccion de ceniceros. Tel. 58 52 30.

33 FILATELIA NUMISMATICA

(VENDO)

VENDO sellos, monedas y billetes, ponerse en contacto con el Tel. 27 35 03, horas comida.
VENDO sellos universales usados. También sobres Primer día y décimos lotería. Tel.50 56 93 de 12:30 a 18:30 y noches.
VENDO sellos universales en bloques o unidades. Tel. 72 79 15.
VENDO colección 3.000 sellos Universales usados. Tel. 72 79 15.

34 MODELISMO Y MAQUETAS

(COMPRO)

COMPRO maqueta de barco, preferible tamaño grande. Tel. 26 16 98.

35 JUEGOS Y JUGUETES

(VENDO)

VENDO juegos Vídeo Pac Philips. 7.400. Con relieve. 4 juegos. 2.000ptas c.u. Tel. 25 63 52 Alberto.
VENDO Vídeo juego Atari, 6 juegos, 3 mandos diferentes. 17.000 ptas. Tel. 60 05 11.
VENDO vídeo juegos Palson,con 2 cartuchos de 10 juegos cada uno. En perfecto estado. 10.000 ptas. todo. Tel. 46 66 26. (de 20 a 22 horas).
VENDO ajedrez electrónico por 15.000 ptas. Tel. 28 82 91. de 2 a 4 de la tarde.
VENDO vias marca Lima adaptables a Ibertren, escala HO. Tel. 46 96 44.
VENDO mesa de pin pon sin estrenar. Tel. 71 40 43 de 20 a 22 horas
VENDO marco de 70x92, con aro, de baloncesto. Tel. 60 09 98. noches.
VENDO futbolín de madera, (funciona con 25 pta.) ideal para bar. Tel. 28 89 74.

36 DISCOS CASSETTES

(VENDO)

VENDO discos Heavy, a convenir. Andrés (hijo). Tel. 29 02 19.
VENDO Lp de los Rollings Stones para coleccionistas "Throught the past, Karkly" por 500 ptas. 1 lp de Bacara por 500 ptas. y otro lp de los Bee Gees 1.963-69 por 500 ptas. Apdo-513 palma. Gregorio.
VENDO discos antiguos Lps, a 50 ptas. tl. 23 39 38.
VENDO lote de discos de Vangelis, Beatles, Blondie, Police, c.u. por 500 ptas y también un saxofón por 4.000 ptas. tl. 63 20 93.

(COMPRO)

COMPRO discos de los Javaloyas, y en gral. de grupos mallorquines años 60. Tel. 45 49 92.

E19

FINANCIACION

Las nuevas fórmulas permiten pagar los objetos hasta en plazos de cuarenta y ocho meses

COMPRAR A PLAZOS, LA GRAN SOLUCION

La fórmula de la compra a plazos pone a nuestro alcance la adquisición de unos bienes duraderos y relativamente costosos que nuestro bolsillo no siempre está en condiciones de pagar de una sola vez. Es la más utilizada por los consumidores para el equipamiento del hogar (electrodomésticos, mobiliario...) y, desde luego, para la financiación de los automóviles y las viviendas.

Las compras a plazos salen más caras cuanto mayor sea el período de pago.

Un real decreto publicado hace escasas semanas mejora las condiciones para la compra a plazos de los electrodomésticos y aparatos de uso en el hogar, y también para lo que se conoce como «bienes de equipo». En la industria, son bienes de equipo las maquinarias y otros equipos de producción. En el hogar, alcanzan la calificación de bienes de equipo las máquinas de coser, bordar o tejer cuando su precio es superior a las 50.000 pesetas.

Estas son las diferencias principales entre la antigua y la nueva normativa:

■ Anteriormente, los plazos para la compra de un aparato de uso doméstico en general, electrodomésticos, televisor, equipo de música, etc., no podían superar los 24 meses y el desembolso inicial (popularmente conocido como «la entrada» era del 35 por 100 del precio al contado de cada artículo.

■ En la actualidad, la norma autoriza, para los aparatos comprendidos entre 15.000 y 750.000 pesetas, a que, con un desembolso inicial del 10 por 100, el resto pueda pagarse hasta en cuarenta y ocho meses desde su compra.

You are interested in this report on personal finance, since there has been a recent change in the law concerning buying on credit (*comprar a plazos*).

1 What is the minimum down payment and longest credit term now permissible?

2 Name three purchases for which credit is a favourite choice of payment according to the article.

P

¿Qué opinas de este sistema de compras?

E20

Here is an extract from an article about the attitudes of men and women to shopping.

1 Do women actually spend more than men?
2 How do young, married couples make decisions concerning their purchases?
3 According to one sociologist, who makes the ultimate decision when buying:
   a) a car
   b) the weekly shopping
   c) foreign holidays?

Los hombres parecen ser más gastadores, aunque las mujeres se llevan toda la fama.

ACTITUDES FEMENINAS Y MASCULINAS ANTE EL CONSUMO

Según se desprende de los últimos estudios, hombres y mujeres gastamos más o menos los mismo, aunque las actitudes ante el consumo sean diferentes en función de deseos, estado y necesidad.

El progresivo acortamiento de la jornada y de los días laborales de la semana permite cada vez más horas libres que, consecuentemente, inducen a una más elevada tendencia al gasto. El esparcimiento mediante los espectáculos, actos culturales y viajes turísticos se ha incrementado por este motivo.

Teniendo en cuenta la incidencia de todos los factores sociales y culturales antes mencionados, que condicionan en gran medida los comportamientos de los consumidores, entre los que destaca una progresiva emancipación de la mujer, algunos autores deducen que en la actualidad las decisiones importantes respecto al consumo familiar son tomadas en su mayor parte de una forma conjunta, especialmente entre las parejas jóvenes.

La socióloga Asunción Coronado se muestra, sin embargo, algo reticente ante esta teoría, ya que considera que sigue habiendo una clara diferenciación entre los gastos que cubre la mujer y los que realiza el hombre. «Las mujeres siguen ocupándose de los gastos domésticos, aunque éstos no sean ostentosos. No se trata tanto del precio como de las categorías.» La decisión última del coche, la casa o un viaje al extranjero corresponde al hombre.

LA CESTA DE LA COMPRA

El sector alimentación es el que recoge en mayor medida un acercamiento entre los dos sexos a la hora de gastar. El Instituto Nacional de Consumo revela que el 40% de los compradores de los supermercados son hombres y, de ellos, un 70% acude en solitario y un 30% como acompañante. El que un hombre haga la compra se considera algo normal en la actualidad y su comportamiento respecto al de la mujer no varía excesivamente. Algunos estudios demuestran que el hombre compra de forma más planificada y que es más sensible a las marcas que la mujer. Esta, por otra parte, se muestra más receptiva ante los productos en oferta y tiene más capacidad para la improvisación y el ahorro.

INDEPENDIENTES

Los hombres y mujeres independientes económicamente gastan de forma menos compulsiva que aquellos que dependen de otros, ya que, dueños de su situación personal, no necesitan demostrar nada ante los demás.

Chapter 6
Beber y comer

Seguro que sabes lo que es la paella. Pero España también tiene otros platos típicos que, quizás, no conoces. ¡Este capítulo te ayudará a comprender el arte de bien comer y beber!

A   Alimentación

E1

While queuing in a supermarket, you notice these labels on products in a shopping trolley. Which of these items had the customer bought?

	Yes	No
Marmalade		
Rice		
Rolls		
Chocolate mousse		
Sardines		
Crisps		
Cooking oil		
Biscuits		

filetes de anchoas en aceite SPAR

ARROZ Fallera

leche en polvo Reny Picot DESCREMADA 1% MATERIA GRASA

PALACIO DE ORIENTE Brand **Mejillones** en escabeche picante

4 PANECILLOS BiMBO

9 Croissants hojaldrados **Croissants** CALIÉNTELOS AL HORNO PANRICO

CONTENIDO MEDIO
PROTEINAS - 5,2 g.
MAT. GRASA MAX. - 0,6 g.
AZUCARES - 18,6 g.
CALCIO - 184 mg.
CALORIAS - 100
INGREDIENTES: Leche desnatada, fermentos lácticos, azúcar, aroma, conservador (E-200) y colorante (E-100)
PESO NETO **130** grs.
CONSERVESE EN FRIO

YOGHOURT SABOR LIMON **Desnatado**
R.S.I. Y DOMICILIO EN LA BASE

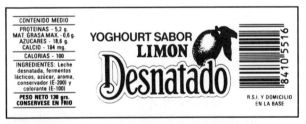

chocolate relleno **con galleta**
CriCo. chocolate relleno **con galleta** Nestlé

PALACIO DE ORIENTE Brand **Calamares** Trozos **en tinta**

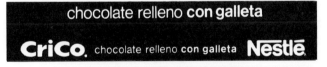

Sopa de **Pollo con Fideos**

Potax Flan suave con azúcar y caramelo líquido

P

¿Qué comprarías tú para llevar de merienda al campo?
¡Habla sobre de esto con tu compañero(-a) de clase!

E2

According to this advertisement, yoghourts are loved by children everywhere.
Which nine flavours are made by Danone?

P

a ¿Te gustan los yogures? ¿Qué sabores prefieres?

b ¿Te gustan los helados?

c Haz una lista de productos que se deriven de la leche.

Danone sabe más

Sabores de DANONE frescos y naturales, como los quieren los niños. Piña, coco, pera, macedonia, limón, vainilla, naranja, fresa y plátano: nueve sabores, cada uno con su carácter y todos elaborados como sólo DANONE sabe hacerlo. Sabores DANONE, siempre en tu

nevera, para que tu hijo pueda elegir los que más le apetezcan.

DANONE
Tu sabor familiar.

E3

While staying with your penfriend, the mother asks you to tell her what food you miss and would like her to buy. You can only think of the names in English and ask her to try and get the following:

a) Cornflakes

b) Sliced bread

c) Crisps

d) Orange marmalade

e) Strawberry jam

f) Honey

g) Condensed milk

h) Tinned fruit.

1 Which of these items were available on special offer at Dia?

2 What was the total cost of those items that she got from Dia?

Leche condensada Dia, 740 grs.	**205;**	*Corn-Flakes Kellogg's,* 250 grs.	**139;**
Yoghourt natural Dia, pack-4	**78;**	*Galletas tostada Fontaneda,* 900 grs.	**185;**
Yogur sabores Yoplait, 1 ud.	**22;**	*Galletas campurrianas Cuétara,* 800 grs.	**143;**
Flan de huevo al baño maría Yoplait, 1 ud.	**33;**	*Surtido Cuétara,* 800 grs.	**289;**
Petit Dia sabor fresa, pack-4	**79;**	*Galletas Príncipe,* pack-3	**196;**
El Caserío, 8 porciones	**102;**	*Donuts,* 6 uds.	**126;**
Queso Philadelphia, tarrina 175 grs.	**154;**	*Tortas El Zángano,* 12 uds.	**147;**
Margarina Tulipán, 400 grs.	**106;**	*Patatas fritas Galaxia,* 170 grs.	**90;**
Aceite oliva Carbonell, 0,4 l. l.	**272;**	*Espárragos Dia,* 16/22 frutos-lata. 390 grs.	**237;**
Chocolate Dia extrafino con leche, 150 grs.	**74;**	*Mayonesa Ybarra,* 440 grs.	**149;**
Crema de cacao Dia, 1 y 2 sabores. 500 grs.	**154;**	*Tomate Frito Orlando,* 810 grs.	**126;**
Cacao soluble Dia, 500 grs.	**158;**	*Melocotón en Almíbar Dia,* 840 grs.	**95;**
Café natural molido Marcilla, 250 grs.	**132;**	*Mermelada Dia,* (albaricoque, fresa, melocotón, ciruela) 410 grs.	**99;**
Café soluble descafeinado Dia, 200 grs.	**469;**	*Miel Dia,* 500 grs.	**168;**
Foie-Gras Dia, pack-3. lata 85 grs.	**129;**	*Arroz Dia,* 1 Kg.	**88;**
Chorizo extra Revilla, 125 grs. sobre	**113;**	*Lentejas castellanas Dia,* 1 Kg.	**96;**
Atún en aceite vegetal Isabel, pack-3. lata 65 grs.	**125;**	*Starlux cuádruple,* 8 pastillas	**72;**
Caballa en aceite Isabel, 115 grs.	**69;**	*Pasta para empanadillas La Cocinera,* 10 obleas	**38;**
Mejillones escabeche Isabel, pack-3. lata 92 grs.	**185;**	*Guisantes Pescanova,* 400 grs.	**97;**
Lomos de bacalao Supermar, 400 grs.	**474;**	*Pescadilla selecta Pescanova,* 1 Kg.	**296;**

Pizza Pescanova	**247;**
Coca Cola, 2 litros	**165;**
Cerveza El Aguila, pack-6	**169;**
Vino Los Molinos, (tinto y rosado) 750 c. c.	**90;**
Compresas Ausonia, extraplanas. 20 uds.	**154;**
Pañal elástico anatómico Dia, talla grande. 30 uds.	**669;**
Papel higiénico Dia, doble hoja. 4 rollos	**99;**
Gel Toja Dermo, 900 c. c.	**304;**
Crema Dental Signal, familiar	**145;**
Suavizante Mimosín, 4 lts.	**294;**
Punto Matic, 1.520 grs.	**407;**
Detergente Dia, 5 Kgs.	**529;**

DIA HORARIO
DE LUNES A JUEVES:
De 9 a 13,45 y de 17 h a 20 h
VIERNES Y SABADOS
De 9 h a 14 h. y de 17 a 20,30 h

B Bebidas

E4

These labels are from drinks consumed in a café.
What are the drinks shown?

A

KAS®

LIMON

Contenido: 20 cl.

CONSUMIR PREFERENTEMENTE ANTES DE

DIC. NOV. OCT. SEP. AGO. JUL. JUN. MAY. ABR. MAR. FEB

B

Batido de Cacao

180 c.c.

BLAHI

CREMACAO

INGREDIENTES: Leche de vaca, cacao, azúcar, aromas autorizados y estabilizantes E-407 y E-450.
R.S. 15.112-PM esterilizado

BLAHI PRODUCTOS LACTEOS, S. A.
Ctra. Palma Santanyí, km. 35'5-CAMPOS-Tel. 650155

Consumir preferentemente antes de: Vease tapón

C

MAYLAND
INFUSIONES SELECTAS
TE

R.S.I. 25.584/MU

D

Hero

ZUMO DE NARANJA
NATURAL

E

SIN GAS

BICARBONATADA CALCICA
MINERO MEDICINAL

AGUA VITAL DE
FOURNIER

ADECUADA PARA REGIMEN Y MESA

Declarada de Utilidad Pública R.O. 1-3-1930
Envasada por:
ALIBESA - C/ Negociantes, s/n.
LA GARRIGA - BARCELONA

CONSUMIR PREFERENTEMENTE
ANTES DEL FIN DE: 1990

Contenido 1.000 ml.

Análisis químico practicado por el
Laboratorio Dr. Oliver Rodes

Composición química en mg/l.
Residuo a 110° C 358,3   Calcio (Ca) 76,1
Bicarbonatos (CO₃H) 278,2   Magnesio (Mg) 19,9
Sulfatos (SO₄) 48,4   Sodio (Na) 16,2
Cloruros (Cl) 11,0   Sílice (SiO₂) 22,6
Noviembre 1984

Cumple las especificaciones microbiológicas exigidas
por el R. D. 2119/1981 para las aguas envasadas.
Registro Sanitario específico de producto Nº 27.15/B/15/CAT
Registro Sanitario de Industria Nº 27.15/B

E5

What are the benefits of this drink?

Leche

DEL DIA

La leche fresca del día
es un alimento sano y natural.
El gran aporte energético y vitamínico
que le proporciona, es indispensable
para la alimentación humana.
La leche fresca, le ofrece
toda la riqueza natural
de la leche recién ordeñada.

LECHE
AGAMA

LO PRIMERO POR LA MAÑANA

¡¡Auténtico sabor a leche fresca!!

E6

Which three types of coffee are being advertised here?
Can you explain the main differences?

el secreto de Bonka: su mezcla.

BONKA ha salido al mercado con una mezcla de cafés procedentes de Centroamérica. El resultado ha sido un excelente café de clase superior, con un gusto capaz de satisfacer las exigencias del mejor «connaisseur».

Ahora, tras dar a conocer su «tostado natural superior»,

BONKA ha querido ampliar la gama de sus cafés ofreciendo la alternativa de mezclas más cualificadas. Su nueva «Mezcla Fuerte», «Mezcla Suave» y su «Descafeinado» abren de esta forma un amplio abanico de posibilidades para que usted conozca y disfrute, el BONKA que más le guste.

Mezcla suave

Esta mezcla de cafés ha sido especialmente estudiada para los amantes del café suave. Para ello se han seleccionado los mejores cafés procedentes de países centroamericanos, los cuales, mezclados en una determinada proporción, permiten obtener un café de intenso aroma y suave sabor.

Mezcla fuerte

Es una mezcla de cafés estudiada para los amantes del café fuerte. Para ello se han seleccionado los cafés idóneos procedentes de Brasil y de países africanos, los cuales, mezclados en una determinada proporción, permiten obtener un café de agradable aroma y de vigoroso sabor.

Descafeinado

Es una mezcla de los mejores cafés procedentes de países americanos, a la cual, antes de su tueste y mediante un procedimiento especial de NESTLÉ se le ha extraído el 95/97 % de la cafeína. Gracias a ello, las personas sensibles a la cafeína, también pueden degustar una taza del mejor café.

P

¿Cuáles son las diferencias entre un desayuno inglés y un desayuno español?

E7

Your Spanish friend points out a Spanish speciality in a bar. What is it?

C Bares y tapas

A

BOCADILLOS
QUESO
CHORIZO
JAMON
SOBRASADA
ATUN, SALCHICHON
ANCHOA

B

BOCADILLOS

CALAMARES	120	Pts
HAMBURGUESA	90	"
SALCHICHAS	90	"
BACON	90	"
TORTILLA	80	"
JAMÓN	120	"
LOMO	125	"
LONGANIZA	85	"
CHORIZO	85	"
QUESO	120	"
Pepito ternera	175	"

C

BAR TECA

BOCADILLOS	Pts
SALCHICHAS	65
LOMO	100
QUESO	95
JAMÓN	90
TERNERA	100
CALAMARES	90
ANCHOAS	55
CHORIZO PLANCHA	75
LONGANIZA	55

E8

You are out with some friends and you all fancy a sandwich. Which bar (**A, B or C**) would you go to if you wanted a cheese sandwich, and your friends wanted ham and Spanish omelette sandwiches?

E9

In addition to sandwiches, this bar offers a selection of *tapas*. You fancy some potato salad – is this available?

ALBONDIGAS.
PICA-PICA.
FRITO MALLORQUIN.
ENSALADILLA.
TORTILLA.
CALLOS.
RIÑONES.
LENGUA.
CROQUETAS.
CALAMARES A LA ROMANA.
BOCADILLOS.
also " " TOSTADOS.

E10

How much would it cost to have a beefburger and a hot dog in this bar?

meriendas NESKA

	Precio
JAMON SERRANO	150
JAMON YORK	125
HAMBURGUESAS	100
PERROS CALIENTES	100
TORTILLA ESPAÑOLA	115
TORTILLA FRANCESA	125
CHORIZO	125
SALCHICHON	125
BUTIFARRA	125
QUESO	125
ANCHOAS con TOMATE	150
CABALLA " "	125
BOQUERONES " "	125
PEPITOS de LOMO " "	175
TAPAS " ....
CAFE - LICORES ..

E12

Is there any restriction on those who may want to take advantage of this menu?

Plato Combinado "Joven"

- Spaguettis con salsa Milanesa.
- Steak de Jamón.
- Helado "Aviconito".

500 Pesetas

E11

Later you see bars offering a choice of meals. Which of these bars (**A or B**) gives better value for money?

A **B**

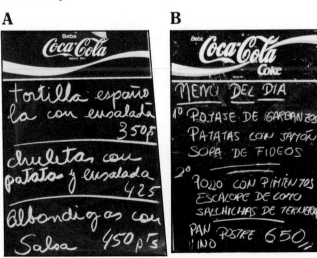

Beba Coca-Cola MARCA REG.
tortilla españo
la con ensalada
350 F
chuletas con
patatas y ensalada
425
albondigas con
salsa 450 pts

Beba Coca-Cola Coke
MENU DEL DIA
1° POTAJE DE GARBANZOS
PATATAS CON JAMON
SOPA DE FIDEOS
2° POLLO CON PIMIENTOS
ESCALOPE DE LOMO
SALCHICHAS DE TERNERA
PAN POSTRE 650
VINO

E13

For what time of day is this menu suitable?

MERIENDAS ESPECIALES

CHOCOLATE CON CHURROS	250 PESETAS
TARTA VARIADA Y CAFE CON LECHE	350 PESETAS
TORTITAS CON NATA Y SIROPE Y CAFE CON LECHE O CHOCOLATE	350 PESETAS
SANDWICH GIGANTE Y REFRESCO	550 PESETAS

P

¡Un bar español no es un 'pub' inglés! Haz con tu compañero de clase una lista de las diferencias principales.

D Restaurantes y comidas

E14

Here is a choice of restaurants! Match the
advertisements **A–E** with the following pieces
of information.

1 Offers Latin-American specialities.
2 Specialises in seafood dishes.
3 Claims to be the best fish restaurant in
   Madrid.
4 Three restaurants with authentic
   Central American cooking.
5 It is called The Fisherman.

A

El Pescador
MARISQUERIA - RESTAURANTE
José Ortega y Gasset, 75-Tel. 402 12 90 - MADRID-6

B

RESTAURANTE

L'Empordà
Cocina
de Mar y Montaña

C/. Comandante Zorita, 32
MADRID 28020
Tels.: 253 93 42 — 254 20 53

C

PARRILLA Y ASADOR
LA RUEDA

Restaurante Uruguayo

LA RUEDA

La Carreta
Rosellón, 266   Balmes, 358
Tlf.: 258 53 50   Tlf.: 211 41 96

D

RESTAURANTES
MEXICANOS

auténtica
comida
mexicana

"EL CHARRO"
SAN LEONARDO, 3. T. 247 54 39

MÉXICO LINDO
PZA. REP. DEL ECUADOR, 4. T. 259 48 33

¡¡A TODO
MÉXICO!!
SAN BERNARDINO, 4. T. 241 93 59

MADRID

E

Los Remos
mariscos
pescados
Restaurante

El mejor
«Puerto de Mar»

Crta. Madrid-La Coruña Km. 12.700
Tels.: (91) 207 72 30 / 207 73 36 / 207 78 83
(La Florida) — MADRID

P

a ¿Hay buenos restaurantes en tu barrio/ciudad?
b ¿De qué nacionalidad son?
c ¿Te gusta la comida española?
d ¿Qué tipo de comida te gusta más?

PARA COMER, CENAR CON AIRES MARINE-ROS. En el RESTAURANTE ES REPOS en Portals Vells, en lo que se refiere a comida todo tipo de pescado fresco, langosta, bogavantes, y su especialidad: la paella. Para cenar todo a la parrilla, sardinas, todo tipo de pescados, carnes y su especialidad el pa amb oli con jamón, con el pan hecho a la parrilla.

. . . .

ESTA SEMANA LE PRESENTAMOS UN NUEVO RESTAURANTE en nuestras páginas. El CELLER CA'N MIQUEL en la calle Galatzó, 8, de Paguera. Especialidad en cocina mallorquina, como por ejemplo, lechona rellena de langosta, conejo con cebolla, calamares rellenos de gambas y mejillones a la marinera, sin olvidarnos de los típicos caracoles.

RESTAURANTE
PORTONOVA
ESPECIALIDAD:
CARNES, CAZA, PESCADOS
Y MARISCOS
SALON PARA BODAS Y BANQUETES
Paseo del Mar, 2
Reservas tels. 681338 - 683100 - Palma Nova

SUGESTIVO, ACOGEDOR y AGRADABLE SE PUEDE DENOMINAR EL RESTAURANTE PORTONOVA en el Paseo del Mar, 2, de Palma Nova, cuya dirección de cocina corre a cargo del conocido Cheff Antonio Castillo. Especialidades en carnes, caza, pescados y mariscos, y preparado con salón para bodas y banquetes.

. . . .

LA COCINA ASTURIANA EN EL RESTAURANTE SIDRERIA RINCON DE ASTURIAS, una selección de las mejores recetas de la tierra asturiana se encuentran en la carta de este restaurante situado en la calle Ramón Berenguer, 36.

. . . .

LA SELECTA COCINA CHINA EN EL RESTAURANTE CHINO GRAN DRAGON, con las mejores especialidades y con varios platos más incorporados recientemente a su carta. El ser el número uno requiere estar siempre ofreciendo lo mejor a sus clientes, y esto es lo que hace TONY YOH.

. . . .

COCINA MEDITERRANEA EN LA LUBINA, con especialidades en pescados y mariscos frescos, un restaurante con vistas, calidad y buen servicio, así como unos precios acordes con su calidad, se encuentra enfrente de la Trasmediterránea.

. . . .

COCINA MALLORQUINA EN CA'N MATIAS I MIQUEL, además de especialidades tales como: paletilla de cordero, cochinillo, caldereta de pescado, carnes y pescados frescos, lo encontrará en la carretera de Manacor, km. 4.

. . . .

SELECTA COCINA CHINA
GRAN DRAGON
PREPARAMOS COMIDAS PARA LLEVAR
CALLE RUIZ DE ALDA, 5 (Frente Policía Nacional) - Teléfono 280200 - Palma
P.º DEL MAR, 2 - Tel. 681338 - Palma Nova
ABIERTO CADA DIA de 12'30 a 16 y de 20 a 24 hrs.

Restaurante La Lubina

Bar Restaurante
Celler Ca'n Miquel
Conozca la cocina típica mallorquina, con las especialidades del Chef Pedro Pau
Con su propia bodega BODISA, venta de vinos de tonel al público.
C/ Galatzo nº 8 - Paguera   Tel. 686180 - Mallorca

La casa del
RESTAURANTE
CA'N MATIAS i MIQUEL
Domingo noche y lunes cerrado
Ctra. Manacor, Km. 4
Teléfono 27 30 09
Palma de Mallorca
ESPECIALIDADES:
Paletilla de cordero - Cochinillo
Caldereta pescado
Carnes y pescados frescos

RESTAURANTE SIDRERIA RINCON DE ASTURIAS
C. Ramón Muntaner 36
Tel 29 90 62
PALMA DE MALLORCA 3

RESTAURANTE
ES REPÓS
Especialidad en paellas, pescados y mariscos
PORTALS VELL'S (PLAYA)

E15

You see an article concerning a selection of restaurants in a local paper in Majorca.

Where would you go if you wanted the following?

1 Local dishes

2 Chinese food

3 A seafood restaurant with a view

4 A private function room

5 Cider to drink with your meal.

E16

Check the facts about this restaurant.

	√	×
1 It is reopening after alterations.		
2 There are rooms for private parties.		
3 Someone will park your car for you.		
4 There is a pianist four nights a week.		
5 You can have lunch there on Saturdays.		
6 You can have dinner there on Mondays.		
7 You can book by phone.		
8 The chef's name is Serrano.		

E17

In Vigo, there are plenty of seafood restaurants. Three friends decide to go out for a meal to Casa Diego. Joanna likes rice dishes and Sandra likes sardines. Ramón hates fish of all types and only eats chicken. What can they order from this menu?

E18

One day on holiday, you see a restaurant displaying a very reasonable set menu. Your mother loves soup and fish, your father likes vegetables and dislikes fish, and the only things your younger brother will eat are pasta and sausages!
Suggest what they might order, using a table as below.

Course	Mother	Father	Brother
First			
Main			

A todas horas

La zona del marisco empieza en
Casa Diego
Marisquería, freiduría, pulpería, ostrería y restaurante
Ribeira n.º 15 - Teléfono 223068 - VIGO-2

CASA DIEGO, PIONERA DE LA ZONA DEL MARISCO DE VIGO, dispone de fresca terraza junto al puerto pesquero a la sombra de los arcos (peirados) de las viejas casas de la ribera, donde usted puede degustar los más variados mariscos de nuestra famosa cocina.

Maestros en pescados y mariscos...

Mariscada Gallega con Langosta
Parrillada de Marisco de la Casa
Parrillada de Pescado
Fritura de Pescaditos "A Ria"
Besugo, Lubina, Dorada y otros "A la Sal"
Caldereta de Pescado y Marisco
Caldeirada de Pescadores
Pescado a la Gallega

Besugo a la Espalda
Lenguado Menier plancha o frito
Pescado en Papillote
Bonito con Tomate o la Plancha
Paellas Marineras Delicias de Ria
Calamares a Roda Roda
Pulpo a Feira
Sardinas asadas delicia de Galicia

...y en carnes del país

Chuletón de Moaña, Bombón de Solomillo, Chulas y Filetes, Chuletas de Cordero y Cerdo, Ternera, Cordero y Jamón Asado, Pollo frito o asado.

Además

Paté de Pescado, Caldo Gallego, Empanadas Gallegas, Tapas Frias y Calientes, Filloas gallegas, Café MANOLIÑO especial del patrón, Tarta de Santiago, Helados, QUEIMADA al Conxuro, Queimada para uno y maravillosos Vinos del Pais.

P

a ¿Qué te gustaría comer de este menú: pollo, albóndigas o qué?

b ¿Comes en la cantina del instituto? ¿Qué te parece la comida? ¿Cuál es tu plato preferido?

MENU DEL DIA

Gazpacho
Spaguetti Italiana
Macarrones Boloñesa
Verdura al vapor
Ensalada variada

Butifarra con judías secas
Buñuelos de bacalao
Bacalao con tomate
Salchichas con tomate
Pollo al horno
Callos a la Riojana
Albóndigas en salsa
Pescadito frito
Sardinas en escabeche

PAN Y VINO   490 *pts.*

MENU ESPECIAL

Entremeses variados
Gazpacho especial
Cocktail de marisco
Sopa de pescadores
Melón con jamón
Ensalada mixta

Truchas a la Navarra
Merluza a la Romana
Lenguado Meuniere
Entrecot con guarnición
Tournedó Aranjuez
Cordornices vinagreta
Escalopa Milanesa

PAN Y VINO   1.200 *pts.*

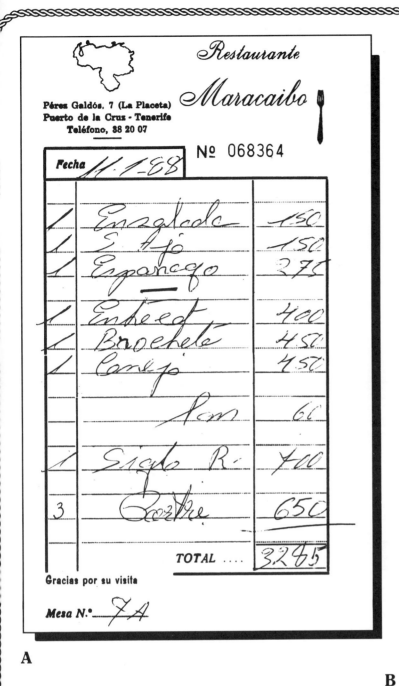

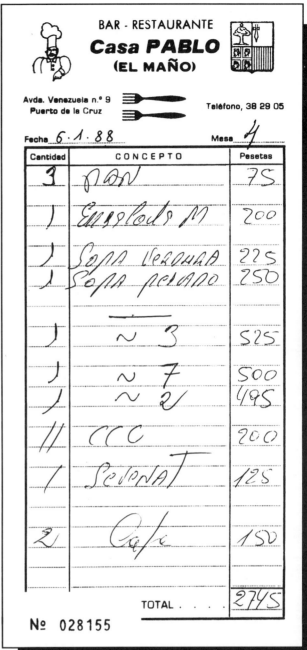

A

B

E19

It is very pleasant to have a meal out. See if you can find out who ate what, where and when.

1 How many people ate in each restaurant?
2 Which season was it?
3 Where were they on holiday?
4 How many people had salad on each occasion?
5 At Casa Pablo, how many people started with soup?
6 Was there a charge for bread at either of the restaurants?
7 Which table was occupied at Casa Pablo?
8 Where did one person have rabbit?
9 In which restaurant did the diners not have coffee after the meal?
10 Which table was occupied at the Maracaibo?

P

a ¿Comes de vez en cuando en un restaurante? ¿Te gusta comer fuera?
b ¿Has ido alguna vez a un restaurante para celebrar algo especial? Explica las circunstancias.

E   Recetas

E20

You have brought back this packet of crème caramel from Spain and you want to try making it at home. Unfortunately, you have ripped the box. Can you put the illustrations **A–D** in the right order according to the instructions?

A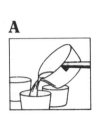

B

D

C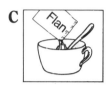

flan con caramelo líquido

Forma de preparación del flan

De medio litro de leche se separa una taza en la que se deslíe completamente el contenido del sobre, deshaciendo los posibles grumos con una cuchara. El resto de la leche se pone a hervir.

Cuando empiece a hervir se añade el contenido de la taza agitando bien y se mantiene en ebullición por dos minutos agitando de vez en cuando. Se retira del fuego, se pone en los moldes bañados con el caramelo líquido Alsa (ver instrucciones en la bolsita de caramelo), y se deja enfriar.

P

a ¿Preparas algunas veces la comida en tu casa?

b ¿Tienes un plato preferido? ¿Cómo se hace tu plato preferido?

c ¿Sabes preparar una tortilla de patata?

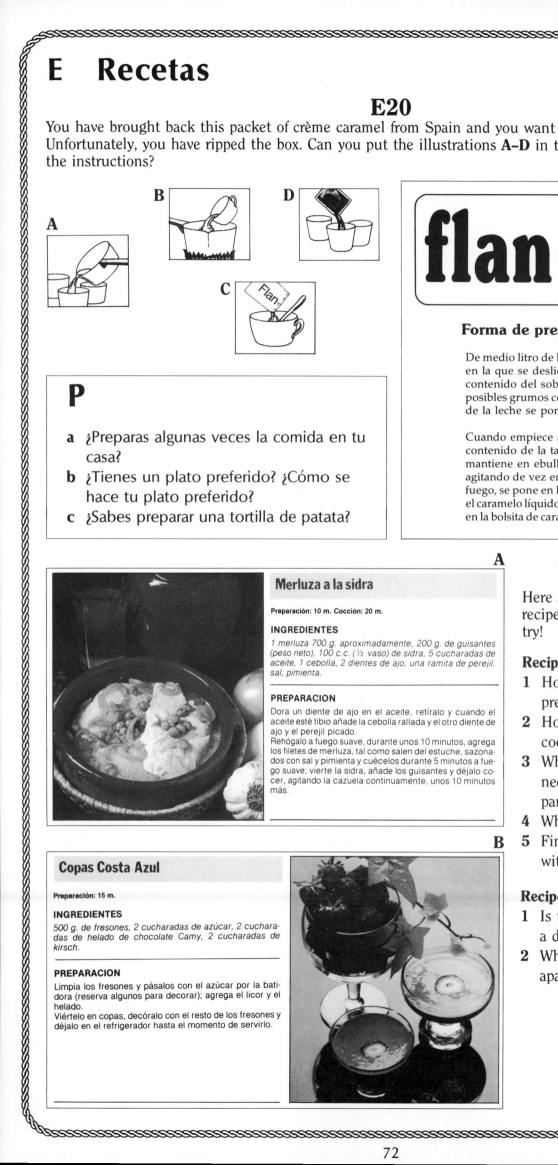

A
Merluza a la sidra

Preparación: 10 m. Cocción: 20 m.

INGREDIENTES

1 merluza 700 g. aproximadamente, 200 g. de guisantes (peso neto), 100 c.c. (½ vaso) de sidra, 5 cucharadas de aceite, 1 cebolla, 2 dientes de ajo, una ramita de perejil, sal, pimienta.

PREPARACION

Dora un diente de ajo en el aceite, retíralo y cuando el aceite esté tibio añade la cebolla rallada y el otro diente de ajo y el perejil picado.
Rehógalo a fuego suave, durante unos 10 minutos, agrega los filetes de merluza, tal como salen del estuche, sazonados con sal y pimienta y cuécelos durante 5 minutos a fuego suave; vierte la sidra, añade los guisantes y déjalo cocer, agitando la cazuela continuamente, unos 10 minutos más.

B
Copas Costa Azul

Preparación: 15 m.

INGREDIENTES

500 g. de fresones, 2 cucharadas de azúcar, 2 cucharadas de helado de chocolate Camy, 2 cucharadas de kirsch.

PREPARACION

Limpia los fresones y pásalos con el azúcar por la batidora (reserva algunos para decorar); agrega el licor y el helado.
Viértelo en copas, decóralo con el resto de los fresones y déjalo en el refrigerador hasta el momento de servirlo.

E21

Here are two mouthwatering recipes which you are tempted to try!

Recipe A

1 How long does it take to prepare?

2 How long does it take to cook?

3 Which ingredients do you need to fry first as well as the parsley?

4 What do you then add?

5 Finally, what liquid is added with the peas?

Recipe B

1 Is this a recipe for a starter or a dessert?

2 What are the main ingredients apart from cherry liqueur?

F   Informes

You come across two articles which give advice to the consumer on different types of food and drink.

E22

The first gives details about a Ministry of Agriculture publication.
1 What is the subject of this publication?
2 Name three sections included in this publication?
3 How does the reviewer rate this book?

P

a ¿Comes legumbres, carnes, pescado y fruta con frecuencia?
b ¿En qué consiste una dieta sana?
c ¿Qué no te gusta comer?

UN EJEMPLAR DE CERDO

Todo un ejemplar de cerdo; de cerdo ibérico, nada menos. Con 200 páginas y maravillosamente editado. En él se cuenta todo sobre este animalito que tantas satisfacciones nos da: su historia, cómo llegó a la península, cómo sobrevivió, dónde se cría... El ejemplar en cuestión se llama *Una imagen de calidad*. Los productos del *cerdo ibérico*, y está editado por el Servicio de Publicaciones del Ministerio de Agricultura, Pesca y Alimentación. Además de hacer una amplia descripción de todos los productos que salen del cerdo ibérico, todos exquisitos –del cerdo me gustan hasta los andares–, se añaden una extensa colección de recetas tradicionales y consejos rituales para comer su más exquisito manjar, el jamón ibérico. ¿Cómo ha de cortarse?, por ejemplo: en contra de los equivocados defensores del taquito, el jamón ibérico debe cortarse en lonchas muy finas, casi transparentes, como virutas. Todo un despliegue de cerdo –con perdón– que nos acerca más a este gratificante bicho. Puede solicitarse contra reembolso al Servicio de Publicaciones del Ministerio de Agricultura, paseo Infanta Isabel, 1, 28014, Madrid; 2.000 ptas.

Por el procedimiento de preparación, y por tratarse de una industria de gran implantación y muy experimentada, lo cierto es que las sopas y caldos deshidratados no presentan el menor problema desde el punto de vista sanitario. Todas las marcas cumplen los requisitos de elaboración y etiquetado. Y, sobre todo, el proceso específico de realización a altas temperaturas, que representa en la práctica una esterilización, aleja los riesgos de contaminación y otros peligros de índole sanitaria.

Pero quizá el mayor reproche que se dirige a los caldos y sopas deshidratados es el de su escasa calidad nutritiva. Estos son, según se declara en etiquetas, los principales componentes de sopas y caldos:

■ En los caldos, las grasas comestibles, el cloruro sódico (sal), los extractos de carne y vegetales, hidrolizados de proteínas, vegetales deshidratados, condimentos, especias y aromas y aditivos autorizados.

■ Las sopas incorporan, además de los anteriores ingredientes, pastas alimenticias, harinas, sémola, porciones de productos vegetales o animales y aditivos autorizados.

La aportación de proteínas es variable, mayor en los caldos de carne y en las sopas de ave que en las vegetales; también abundan más las grasas en las sopas y caldos de carne. El máximo de hidratos de carbono se encuentra en las sopas de pasta y sémola. En cuanto a las vitaminas, de mayor presencia en los compuestos de vegetales, la proporción es reducida con respecto a las mismas verduras frescas.

En resumen, ¿cuáles son las ventajas e inconvenientes de sopas y caldos deshidratados?

Las sopas y los caldos deshidratados son productos de muy larga tradición en nuestra cocina, que han sabido renovarse y mantenerse en continuo crecimiento. Aunque todavía estamos por debajo de las tasas de consumo europeas, cada español toma al año unos 12 litros de caldo y dos de sopa, confeccionados a partir de preparados deshidratados.

CHEQUEO
a las sopas de sobre

■ Entre las ventajas, en primer lugar destacan la sencillez de preparación y lo económico de su precio. Resulta mucho más barata una sopa «de sobre» que una sopa casera, por razones de economía de escala. Los fabricantes adquieren enormes proporciones de alimentos, con lo que el coste absorbe el proceso de elaboración y comercialización.

▼

Todas las sopas y caldos industriales pueden servir de base para presentaciones más complejas. De los recetarios que facilitan las marcas comerciales se pueden sacar excelentes ideas.

■ Una ventaja añadida reside en la posibilidad de «mejorar» un preparado deshidratado. Se puede hacer con las sopas, pero sobre todo con los caldos. Los «cubitos» y pastillas de concentrado se utilizan, sobre todo, para aumentar el sabor de otras muchas preparaciones. En cuanto a las sopas, su calidad alimenticia aumenta con la adición de huevo cocido picado, trocitos de jamón...
■ ¿Son más nutritivas las sopas caseras? No se puede hacer una afirmación de principio. Las sopas y caldos deshidratados tienen una composición equilibrada, mientras que en una preparación casera se puede poner todo el acento en los aspectos nutritivos. En general, las sopas no son el «plato fuerte» de la alimentación. Proporcionan energía, disponen el estómago favorablemente para la ingestión de otros componentes del menú... Idéntico papel cumplen las sopas caseras que las de sobre.
■ El gran inconveniente de sopas y caldos deshidratados reside, sin duda, en el sabor. Son mejores las caseras.

E23

The second article concerns packet soups. According to the article:
1 How 'safe' are packet soups? Give reasons for your answers.
2 How nutritious are they? Give details.
3 What are their two great advantages?
4 How else can they be used, other than as a first course?
5 How do companies promote this product?
6 What is the one great disadvantage of these soups?

Everyone knows that true champagne is produced only in France. However, this article mentions Majorcan champagne.

1 What are the factors that make it possible to produce sparkling wines in Majorca?
2 What sort of wine is Jaime Mesquida already famous for?
3 To make champagne, what is added to the grape juice after pressing?
4 How long are the bottles stored in a horizontal position?
5 When the process of removing sediment has been completed, what sort of champagne is produced if nothing more is added?

El primer cava mallorquín: cuestión de fe y de experimentación

■ Jaime Mesquida: «El clima de las islas, así como el resto de las condiciones naturales de la isla, pueden hacer permisible la buena cosecha y crianza de uvas para fabricar un cava de calidad, un cava que sea capaz de ser vendido y aceptado, un champán, en definitiva, raro y de gran calidad»

No hay nada seguro aún. Estamos experimentando y en un proceso como éste todo puede venirse abajo por cualquier nimiedad.

Pero... ¿cómo se hace el champagne?

J.R.R.

Lo primero que hay que hacer es escoger las uvas de las variedades apropiadas, se meten en la prensa los racimos enteros y se aprovecha para el cava lo que resulta de apretar por primera vez, lo que queda es el mosto. Luego se desinfecta y se procede a fermentarlo a temperatura controlada. El azúcar se transforma entonces en el alcohol y el mosto en vino. Se le añade de azúcar de caña en una especie de jarabe y levaduras secas de Alsacia, se tapa la botella y se deja reposar en posición horizontal durante un mínimo de nueve meses, preferiblemente a 11-15°C. Las levaduras se autolizan y forman unos posos que hay que quitar en una segunda operación de reposo, esta vez la botella en vertical progresiva, sufriendo unos giros cada número determinado de horas, mediante los cuales hacen que el poso se deposite en el cuello. Luego estos residuos se sacan por la presión del mismo gas carbónico o congelándolos en salmuera. La diferencia entre un *brut* natural, seco, y un champán dulce es que cada botella de *brut* se rellena con cava simplemente y al dulce se le añaden unos jarabes azucarados.

Juan Riera Roca

La noticia de que el famoso vinatero Jaime Mesquida, de Porreres, va a intentar, fabricar el primer champán mallorquín—cava o vino espumoso, más correctamente—ha saltado a la actualidad balear como una pequeña e imprevista chispa: ¿Un champán mallorquin? ¿Cómo, quién, cuándo...?

Puede parecer arriesgado el intentar una producción como ésta en una *Comunitat Autónoma* como la nuestra en la que los vinos no tienen una fama muy buena. Sin embargo, Jaime Mesquida opina que debe arriesgarse, que puede tríunfar tal como lo han hecho sus tintos y que el clima de la Isla, así como el resto de sus condiciones naturales, puede hacer permisible la buena cosecha y crianza de uvas para fabricar un cava de calidad, un cava que sea capaz de ser vendido y aceptado, aunque no masivamente y sin una gran producción; repitiendo las palabras de Mesquida, «un champán raro y de gran calidad».

Chapter 7
Servicios públicos

Dondequiera que vayas, tendrás que utilizar algún servicio público, por ejemplo la aduana, el banco, correos o la comisaría. (¡Ojalá que no tengas ningún problema durante tus vacaciones!)

A Información general

E1

These useful telephone numbers for various services in Santander were printed on this paper bag. Which number would you dial:

1 in case of fire
2 to call an ambulance
3 to report a water leak
4 for information about train times
5 to get a taxi?

E2

It is a hot summer's day and you are waiting for your penfriend's mother to finish the shopping. You decide to sit on one of the many chairs in a nearby park. Suddenly an official-looking man comes up to you, but you do not understand what he is saying. Another person shows you this ticket.

1 What are you being asked to pay for?
2 How long is the ticket valid in the afternoon?
3 Can it be used again in the evening?

E3

You want to sell your camera so you decide to place an advertisement in a newspaper.

1 Name the two ways that an advertisement can be placed in *ABC*.
2 Which four pieces of information must you give about yourself?
3 Which two other facts are you asked to give?
4 Your text comes to seven words. How much will that cost?
5 Is there VAT on top?
6 How many days after your coupon is received could you expect the advertisement to appear?

CACHE
LA BOUTIQUE DEL PAPEL
CERVANTES, 10 — TEL. 312169

PALACIO DE LA MAGDALENA SANTANDER

TELEFONOS DE URGENCIA			
Aeropuerto	251004	Guardia Civil	221100
Averías de Agua	331508	Guardia Civil Tráfico	236812
Averías de Luz	210600	Policía Nacional	337300
Averías de Gas	223950	Policía Municipal	092
Bomberos Municipales	333888	Policía Municipal (Patr.)	091
Casa Socorro	211214	Radio Taxi	333333
Cruz Roja (Serv. Ambul.)	273058	Renfe	210288
Cruz Roja del Mar	273661	Residencia Cantabria	332000
		Valdecilla (Casa Salud)	330000

PUEDE VD. TENER ACCESO A NUESTRA SECCION DE ANUNCIOS POR PALABRAS DE ESTAS DOS FORMAS

1. Mediante una Agencia de Publicidad.
2. Directamente desde su domicilio, utilizando el adjunto CUPON y enviándolo a A B C. Publicidad. Serrano, 61, 28006. Madrid

CUPON DE INSERCION
ANUNCIANTE

Nombre ....
Dirección ....
Teléfono .... Población ....
TEXTO DEL ANUNCIO   SECCION ....

Días de inserción .... Total palabras...........

COSTE DEL ANUNCIO

De una a tres palabras: **303 ptas.** Cada palabra más: **101 ptas.**

Estos precios son por inserción y está incluido el IVA.

Calcule el importe e incluya en el envío un talón bancario, nominativo, a favor de **PRENSA ESPAÑOLA, S. A.**

La publicación de los anuncios se efectuará, como mínimo, a las cuarenta y ocho horas de su recepción.

P

Escribe el texto de tu anuncio.

B Iglesia

España es un país católico y la religión ha tenido siempre importancia en la historia de los españoles.

E4
Your penfriend suggests you visit this area. Which buildings can be seen?

E5
On the way out you see this sign.

LIMOSNAS PARA LAS OBRAS

What is being asked for and why?

LA LLAMADA

EN RADIO DENIA SER 92'5 FM
TODOS LOS DOMINGOS
A LAS 10'00 h.
(Después de los Servicios informativos)

UN PROGRAMA QUE CAMBIARA TU VIDA

E6
You are interested in religious programmes on the radio. When could you hear this one?

E7
Later on you are handed this leaflet in the street by a group of people. Say briefly what you are being asked to consider.

¿Yo, pecador?
¡Yo no he hecho mal a nadie!

¿Yo, pecador?
¡Yo no he hecho mal a nadie!

Querido amigo, quizá alguna vez Vd. ha dicho estas palabras. Le pedimos con toda cortesía que pare un momento, y que lea este pequeño folleto.

¿De verdad no es pecador? ¿De verdad no ha hecho NUNCA mal a nadie?.

C Banco

E8

You wish to change some travellers cheques into Spanish currency. Where would you go to: **A** or **B**?

COMPRO ORO
PLATA, MONEDAS, ETC.
HORARIO DE 10 A 2 Y 4 A 8
DIAS: LUNES A VIERNES
PRAL DCHA

A

B

Mercado de divisas

(11 de agosto de 1988)

DIVISAS	Comprador – Pesetas	Vendedor – Pesetas
1 ecu	136,829	137,171
1 dólar EE UU	124,508	124,820
1 dólar canadiense . .	102,022	102,278
1 dólar australiano . .	99,575	99,825
1 franco francés	19,370	19,418
1 libra esterlina	211,755	212,285
1 libra irlandesa	176,130	176,570
1 franco suizo	78,322	78,518
100 francos belgas	312,858	312,642
1 marco alemán	65,629	65,693
100 liras italianas	8,853	8,875
1 florín holandés	58,093	58,239
1 corona sueca	19,176	19,224
1 corona danesa	17,159	17,201
1 corona noruega . . .	18,007	18,053
1 marco finlandés . . .	27,705	27,775
100 chel. austriacos. . .	931,684	934,016
100 esc. portugueses . .	80,749	80,951
100 yenes japoneses . .	93,171	93,405
100 dracmas griegos . .	81,997	82,203

E9

Knowing you understand Spanish, some of the other guests in your hotel ask you to help them work out their finances.

1 The Irish lady needs to change some money. How many pesetas will she get for an Irish pound?

2 The Belgian couple have only got 1000 francs left. How many pesetas will they get?

3 The Swedish boy is going home tomorrow and wants to change his pesetas. How many will he have to give for each crown he receives?

P

a Al cambiar £10, ¿cuántas pesetas recibirías?

b Tú eres el cliente y tu compañero(-a) es el empleado/la empleada. Quieres cambiar dinero, pero no tienes el pasaporte. ¿Qué pasa?

E10

When you change money in a Spanish bank, you will probably get a receipt like the one shown here.

1 Which currency was being exchanged for pesetas?

2 On what date was the money changed?

3 What was the rate of exchange?

4 How much commission was charged?

5 What was given as a means of identification?

6 What time of day was it?

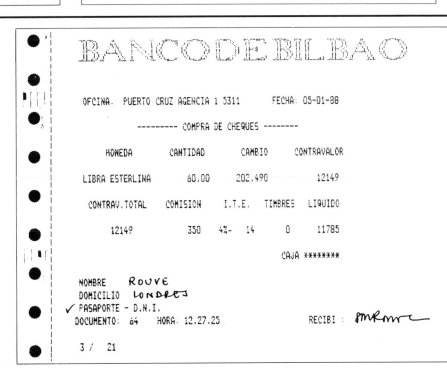

```
BANCO DE BILBAO

OFCINA. PUERTO CRUZ AGENCIA 1 5311      FECHA: 05-01-88

--------- COMPRA DE CHEQUES --------

HONEDA        CANTIDAD      CAMBIO      CONTRAVALOR

LIBRA ESTERLINA    60.00     202.490       12149

CONTRAV.TOTAL   COHISION   I.T.E.   TIMBRES   LIQUIDO

   12149          350      4%-      14        0     11785

                                    CAJA ********

NOMBRE    ROUVE
DOMICILIO  LONDRES
✓ PASAPORTE - D.N.I.
DOCUMENTO: 64   HORA. 12.27.25          RECIBI :

   3 / 21
```

D   Aduana

E11

Which sign (**A, B or C**)
would you follow if you
had something to declare?

A Circuito verde
Nada que declarar

B Aseos hombres

C Circuito rojo
Objetos a declarar

P

Imagínate que estás pasando por la aduana, y ves a un turista que tiene muchas cosas
escondidas. Está hablando con el aduanero. ¿Qué están diciendo?

E12

According to this extract, what is the
maximum time you can stay in Spain
before having to report to a police
station?

Pasaporte y aduana

A España puede usted llegar en avión, en barco, en tren, en
automóvil, en «moto», en bicicleta o andando. Basta con que al
llegar a la frontera o a la aduana enseñe usted su pasaporte y
le pongamos un sello. En algunos casos hace falta un visado
que le facilitará el Consulado de España más próximo al lugar
de su residencia. Si desea prolongar su estancia en España
más allá de tres meses, diríjase, estando próximos a cumplirse,
a la Comisaría más próxima.

En la aduana, según que el funcionario esté de un humor o
de otro, le preguntarán si tiene algo que declarar o le rogarán
amablemente que abra usted sus maletas. Si, como
esperamos, pertenece usted al grupo de las personas
honorables, esta apertura de valijas será un rápido y rutinario
formulismo sin mayores consecuencias.

P

Con tu compañero(-a) de clase, habla sobre lo que hace un aduanero, y por qué.

E Comisaría

A

Ministerio del Interior

DIRECCIÓN GENERAL DE LA POLICIA

1. DATOS PERSONALES

Apellido ..... WALSH

Nombre ..... JAMES

Lugar de nacimiento ..... STOCKPORT

Fecha de nacimiento 13/3/28

Nombre del padre ..... JAMES

Nombre de la madre ..... ELIZABETH

Nacionalidad ..... BRITISH

Profesión ..... OFFICE MANAGER

Estado civil ( ) Soltero-a (✗)
Casado-a ( ) Viudo-a ( )
Divorciado-a ( ) Separado-a ( )

Domicilio en su país ..... 73b STOCKPORT ROAD
BREDBURY STOCKPORT, CHESHIRE

Dirección en España ..... LOS PELICANOS 223

Pasaporte Nº ..... L 446 090 D

Expedido en LIVERPOOL Fecha 8/9/83

Documento de identidad Nº .....

Expedido en ..... Fecha .....

2. CIRCUNSTANCIAS DE LOS HECHOS

a) Modalidad
(✗) Pérdida ( ) Hurto al descuido
( ) Robo con intimidación
( ) Hurto ( ) Estafa
( ) Objetos recuperados

( ) Turismo
Tipo ( ) Motocicleta
( ) Veh. vivienda

( ) Robo vehículo
( ) Robo interior del vehículo

Matrícula .....

Marca .....

Color .....

Propietario .....

Daños .....

b) Lugar y hora de los hechos

Ciudad BENIDORM Calle AL AEROPUERTO

Establecimiento ..... Fecha 11/6/88 Hora 15.00 h

NOTAS
(1) Por favor, rellene este impreso con letra mayúscula.

DILIGENCIA: En la Comisaría de ....
se extiende la presente denuncia por:

c) Autores
( ) Hombre-s Nº .....
( ) Mujer-es Nº .....
( ) Edad .....Estatura .....Complexión: .....
( ) Gruesa ( ) Media ( ) Delgada
Raza:
( ) Latina ( ) Germana
( ) Oriental ( ) Negra
( ) Arabe ( ) Gitana

3. OBJETOS EXTRAVIADOS, SUSTRAIDOS O RECUPERADOS
( ) Dinero en efectivo   Valor:
(✗) Cheques de viaje Nº EC13544333-352
    Expedidos por: Thomas Cook Valor: £200
( ) Talonario de cheques
( ) Tarjeta de cheques
( ) Tarjeta de crédito
( ) Pasaporte
( ) Documento de identidad
( ) Permiso de conducir
( ) Documentación del vehículo
( ) Carta verde de seguros
( ) Certificado de vacunación
( ) Documento del seguro médico
( ) Tarjeta de albergues juveniles
( ) Tarjeta de camping
( ) Tarjeta de estudiante
( ) Otrós documentos
(✗) Billetes (✗) Avión ( ) Tren
    ( ) Barco
    Procedencia: MANCHES Destino: ALICANTE
    Compañía expedidora: THOMSON
( ) Joyas ( ) Reloj de pulsera
( ) Collar ( ) Pulsera ( ) Sortija
( ) Pendientes ( ) Colgante
( ) Otros
( ) Cámara fotográfica   Marca:
    Tomavistas   Marca:
( ) Flash   Marca:
( ) Accesorios fotográficos
( ) Prismáticos   Marca:
( ) Radio y/o cassette   Marca:
( ) Máquina de afeitar   Marca:
( ) Gafas graduadas
( ) Gafas del sol ( ) Ropa
( ) Zapatos
( ) Bolsa y objetos de aseo
( ) Maleta o bolsa de viaje
( ) Mochila ( ) Bolso de mano
( ) Cartera o monedero
( ) Tienda de campaña
( ) Saco de dormir ( ) Llaves
( ) Caravana
( ) Placas de matrícula
( ) Rueda de repuesto
( ) Herramientas
( ) Otros

Firma:

DILIGENCIA: Se remite la presente
denuncia el .....

Madrid,   a   de   de 199
EL INSPECTOR DE GUARDIA

( ) = Marcar con X.

E13

If you are unfortunate enough to lose your belongings or to have them stolen, you will need to go to a police station to complete an official form (like Mr Walsh) or obtain a declaration form (like Mrs Vevers) for your insurance policy.
What, in fact, had happened to Mr Walsh and Mrs Vevers according to the following documents **A** and **B**?

P

Cuenta una historia que se titule 'Robo en la playa'.

B

313ª COMANDANCIA DE LA GUARDIA CIVIL   DTO. INFORMACIÓN CALA D'Or

D. FEDERICO MARTÍN RODRIGUEZ, Guardia segundo con destino en las unidades anteriormente reseñadas hace constar: .....

Que a las quince horas del día uno de Septiembre de mil novecientos ochenta y ocho se presentó en estas dependencias el que mediante su pasaporte acredita ser **MRS VEVERS** de nacionalidad inglesa residiendo eventualmente en Cala D'or el cual manifiesta haber extraviado una camara de fotos valorada en ochenta y cinco libras. .....

Cala D'or 1 de Septiembre de 1988
El Guardia de Servicio.

Fdo: FEDERICO MARTÍN.

F Seguros

E14

You have got holiday and travel insurance but you are interested to see that accidents in the home can also be covered. You discuss the information in this advertisement with your penfriend's family.

1 What does it say about the proportion of accidents in the home?
2 What does the leaflet offer you?
3 Where should it be kept?

E15

Your Spanish family have torn up and left details lying around from an insurance advertisement. You are curious to see which piece of advice was given for each risk covered. Can you match the pieces of advice (**A–F**) with the risks (**1–6**)?

① Robo

- Atraco.
- Hurto.
- Daños materiales como consecuencia del robo o su tentativa.
- Cobertura de efectivo, joyas y alhajas (garantía opcional).

② Incendio-Explosión

- Daños accidentales por humo.
- Asistencia de Bomberos.
- Alquiler de otra vivienda.
- Gastos de salvamento y otros.
- Caída del rayo.
- Actos vandálicos.

③ Daños por agua

- Omisión del cierre de grifos.
- Rotura de conducciones propias o ajenas.
- Gastos de localización de la avería, fontanería y albañilería.

④ Rotura de cristales

- Ventanas y puertas.
- Espejos adosados a la pared.
- Gastos de colocación.

⑤ (Garantía opcional)

Accidentes personales

- Para el asegurado:
- Fallecimiento accidental.
- Invalidez permanente.
- Cobertura mundial, las 24 horas del día.

⑥ Responsabilidad civil

- Daños a terceros, incluso vecinos por:
- Agua derramada, incendio y explosión.
- Caída de objetos.
- Posesión de animales domésticos.
- Práctica de deportes como aficionado.
- Cualquier otra responsabilidad como cabeza de familia.

 MAPFRE

Consejos (A)

- En caso de corte de suministro de agua, cierre bien los grifos.
- Desatasque los desagües a los primeros síntomas de obstrucción.
- No deje funcionando la lavadora o el lavavajillas mientras duerme o está ausente de casa.

Consejos (B)

- Cuando se ausente de su vivienda, cierre el paso de agua y gas y corte la energía eléctrica.
- Evite la caída de objetos a la calle. Pueden provocar accidentes graves.

Consejos (C)

- No abra la puerta a desconocidos. Utilice la mirilla. Identifique al que llama.
- Use permanentemente la cadena de seguridad.
- Instale caja fuerte de seguridad para custodiar adecuadamente los objetos de fácil sustracción (joyas, alhajas, efectivo, etc.).
- Si su vivienda dispone de fáciles accesos por ventanas, patios o terrazas, proteja éstos adecuadamente.

Consejos (D)

- No deje al alcance de los niños objetos punzantes ni medicamentos.
- Proteja la instalación eléctrica convenientemente.
- Instale superficies antideslizantes en sus cuartos de baño.

Consejos (E)

- Tenga precauciones con el aceite de freír.
- Evite las conexiones en enchufes múltiples.
- No deje cerillas ni encendedores al alcance de los niños.

Consejos (F)

- Impida la formación de corrientes de aire. Evitará golpes y roturas.
- Proteja las ventanas que tengan fácil acceso desde el exterior.
- Cuide la correcta fijación de los cristales en sus marcos.

G Correos

E16

You are on holiday in Spain. How much does it cost to send a postcard and a letter weighing 20 g to England?

TARIFAS POSTALES

CARTAS

OCTUBRE 1987

NACIONALES			INTERNACIONALES	
Peso	Urbanas	Interurbanas	Peso	Importe
Normalizadas 20 grs.	8 ptas.	20 ptas.	Normalizadas 20 grs.	50 ptas.
Sin normalizar 20 grs.	17 ptas.	26 ptas.	Países C.E.E. 20 grs.	45 ptas.
50 grs.	17 ptas.	26 ptas.	Sin normalizar 20 grs.	70 ptas.
100 grs.	24 ptas.	39 ptas.	50 grs.	90 ptas.
250 grs.	48 ptas.	85 ptas.	100 grs.	115 ptas.
500 grs.	85 ptas.	170 ptas.	250 grs.	230 ptas.
1.000 grs.	130 ptas.	235 ptas.	500 grs.	460 ptas.
2.000 grs.	178 ptas.	320 ptas.	1.000 grs.	777 ptas.
			2.000 grs.	1.280 ptas.

TARJETAS POSTALES

Urbana	7 ptas.	Internacional	46 ptas.
Interurbana	18 ptas.		

DERECHOS

Certificado Nacional	34 ptas.	Certificado Internacional	85 ptas.
Urgente Nacional	70 ptas.	Urgente Internacional	80 ptas.

E17

It is 7 p.m. when you remember to post the postcard and letter. When is the next collection?

E18

The Post Office takes the opportunity to remind you of what you should do when sending a letter! What should you be sure to include in an address?

You can tell a lot from this envelope!

1 Where and when was letter **A** posted?
2 What might make you think that letter **B** contained something important?
3 What should you always put on the back of an envelope?

A

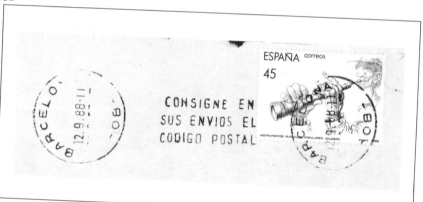

B

82

E19

You have missed your train connection to meet your penfriend in Madrid and have to stay overnight in Barcelona. As your penfriend is not on the telephone, you decide to send him/her a telegram.
According to the instructions:

1 How should you fill in the address and message?
2 What details must you give about yourself?

EL EXPEDIDOR DEBE RELLENAR ESTE IMPRESO, EXCEPTO LOS RECUADROS EN TINTA ROJA
SE RUEGA ESCRIBA CON LETRAS MAYUSCULAS O CARACTERES DE IMPRENTA   T. G. - 1

INS. O NUMERO DE MARCACION	SERIAL	Nº DE ORIGEN		INDICACIONES TRANSMISION
	LINEA PILOTO		TELEGRAMA	
OFICINA DE ORIGEN	PALABRAS	DIA	HORA IMPORTE EN PESETAS	

INDICACIONES: DESTINATARIO: ....
                       SEÑAS: ....
                       TELEFONO: .... TELEX: ....
                            DESTINO: ....

TEXTO: ....
....
....

| SEÑAS DEL EXPEDIDOR | NOMBRE: | TFNO.: |
| | DOMICILIO: | POBLACION: |

UNE A-5 (148 x 210)

Telefónica de España

E20

Here is an article about a postwoman on the island of Ibiza.

Xicu Lluy
Foto: Pedro Prieto

Personajes ibicencos (I): Consuelo Rico, cartera

«Ningún hombre ha intentado ligar conmigo pero se muestran simpáticos si les doy una carta»

Consuelo Rico, 23 años, natural de la localidad alicantina de Ibi, lleva viviendo en nuestra isla desde hace cinco veranos y trabaja de cartera en la Oficina de Correos y Telégrafos de Eivissa. «Llama la atención que sea una chica —nos dice— quien reparta las cartas, pero los hombres no han intentado ligar conmigo, pero, eso sí, se muestran muy simpáticos».

Ella es una de las dos chicas/carteras de Correos en Eivissa, entró en este Servicio Público el año pasado pues «necesitaban ampliar la plantilla con varios carteros eventuales, así que me presenté, me gustó la idea de trabajar en contacto con la gente y, además, el horario matutino me convenía. Ser cartero es un poco pesado, pero muy ameno», nos comenta la guapa alicantina.

SIN TRATO ESPECIAL

«No creo que el hecho de ser una mujer suponga un

«Hay que reconocer que aquí el invierno es muy aburrido».

■ Consuelo afirma que no suele salir mucho por la noche

tratamiento especial para mí», piensa de su profesión Consuelo, que es soltera y vive en la capital. Antes de entrar en Correos, esta chica ya desempeñó otros trabajos esporádicos en la isla, «vine a Eivissa en busca de un trabajo. Después de terminar mis estu-

dios necesitaba encontrar un empleo y como Eivissa la conocía de otros años, ya que había estado veraneando por aquí, pues me animé y vine para acá». Trabajó en hostelería, en bares de Figueretes como camarera, lavandería y también se dedicó a la pin-

tura, «se trataba de colorear figuras de yeso y cerámica. El negocio pertenecía a unos amigos míos». También hizo fotografías para turistas.

Consuelo es una buena conocedora de los ambientes turísticos ibicencos, «hay falta de educación, de gusto y yo diría que también de dinero. El turista que viene a la isla, esa es la verdad, no gasta mucho que digamos». En cuanto a sus preferencias a la hora de «ir de marcha», nuestra joven cartera nos dice que «yo frecuento más bien fiestas, suelo ir por el puerto, me gusta la música de jazz y uno de mis lugares preferidos es el nuevo

Café-Concierto. Pero, en fin, no salgo demasiado por la noche».

CAMBIO DE AIRES

«Llevo dos veranos trabajando en Correos. ¿Qué haré el año próximo?, pues me gustaría cambiar de aires, encontrar un trabajo fijo para todo el año, pero me gusta mucho Eivissa. Lo que pasa es que hay que reconocer que el invierno aquí es muy aburrido. Si sale la posibilidad de trabajar fuera, no me importaría dejar la isla».

De sus preferencias cinematográficas, otra de sus aficiones es el cine. Consuelo nos nombra a Woody Allen y los italianos Bertolucci y Luchino Visconti, y en general le «va» el género cómico, la comedia. El sol y las bonitas playas ibicencas son igualmente «santo de su devoción», asegura que «me gusta muchísimo la playa de s'Estanyol». Consuelo Rico, una mujer guapa que reparte cartas y certificados con una sonrisa en los labios. ¡Qué más se puede pedir...!

According to the article:

1 Where was Consuelo Rico born?
2 When did she become a postwoman?
3 Why was she attracted to the job?
4 What were her previous jobs?
5 How does she spend her free time?
6 What does she say are the advantages and disadvantages of working in Ibiza?

H Telefónica

E21

On holiday in Spain, your mother needs to call home, so she went to the serviced public telephone centre (*locutorio*) in El Pedrucho. They gave her a receipt but she is not sure what all the figures refer to.

Which of these statements are true?

1 She made the telephone call at 3 p.m.
2 She had to pay 370 pesetas.
3 She spoke for 14 minutes.

Telefónica
CODIGO 171.557
TALON RECAUDACION
COBRO TELETAX

C.I.F.
A-28015865

SERIE I - Y
Nº 149312

LOCUTORIO
El Pedrucho

SOLICITANTE

FECHA 20-8-88 | HORA 14 - 10
NUM. CABINA 3 | UNID. TARIF.
IMPORTE COMUNICACION |
IMPORTE TOTAL INCLUIDO IVA | 370

E22

According to this information, how else could your mother have paid for the telephone call?

Telefónica

En estos teléfonos no es necesario el uso de moneda metálica; Vd. puede abonar sus comunicaciones por importe superior a 500 pts., mediante las tarjetas de crédito:

The next day you are passing an ordinary public call box. You decide to try to ring your sister at home in England for a surprise and therefore read the instructions which you are carrying with you.

INSTRUCCIONES PARA EL USO DEL TELEFONO DURANTE SU ESTANCIA EN ESPAÑA

SERVICIO AUTOMATICO
(Desde un teléfono público o desde un aparato de abonado, excepto hotel).
1. Descuelgue el microteléfono y espere la señal para marcar.
2. LLAMADAS URBANAS E INTERURBANAS DENTRO DE LA MISMA PROVINCIA. Marque el número deseado.
3. LLAMADAS INTERURBANAS. Marque el código interurbano de la ciudad a la cual va destinada la llamada, y a continuación el número del abonado deseado.
4. LLAMADAS INTERNACIONALES. Marque el 07. Espere un segundo tono más agudo

que el normal. A continuación el indicativo del país (*) hacia el cual va encaminada la llamada, seguido del de la ciudad (**), y del número del abonado deseado.
Ejemplo: llamada al abonado 7654321 de Roma.
Marque: [07] ~ [39] [6] [7654321]
(*) Consulte los indicativos de países en la última página. (**) Recuerde que no debe marcar el prefijo de acceso al servicio automático interurbano del país de destino, que generalmente es un 0 (cero). NOTA: Para conferencias no automáticas llame a la operadora. Marque el 003 para información general.

Telefónica

1 What should you do after lifting the receiver?
2 What number must you dial for international calls?
3 What will you hear next?
4 The code for England is 44. What further numbers do you dial before dialling your home number?

E23

On a visit to Madrid, you notice a list of telephone numbers in a local paper.

1 Which official body operates these services?
2 Why should you be careful to check the number of the service you want?
3 Which number would you dial if you lost something?
4 What was the previous number for calling the police?
5 What might be the matter if someone dialled 588 45 00?

NUEVOS TELEFONOS DEL AYUNTAMIENTO DE MADRID

● **A partir del día 16 de agosto** ●

INFORMACION GENERAL
588 10 00 antes **248 10 00**

INFORMACION AREA DE URBANISMO E INFRAESTRUCTURAS BASICAS
588 10 00 antes **458 13 00**

EQUIPO QUIRURGICO NUMERO 1. CALLE MONTESA, 22
588 51 03 antes **401 81 50**
588 51 05 antes **401 81 54**
588 51 00 antes **401 81 58**
588 51 22 antes **401 82 00**

ALMACEN DE VILLA (Objetos perdidos)
588 43 46 antes **228 48 07**

PARQUE DE AMBULANCIAS
588 44 00 antes **230 63 00**
588 45 00 antes **230 71 44**
588 46 00 antes **230 65 44**

POLICIA MUNICIPAL
588 50 00 antes **470 10 12**

SIGUE FUNCIONANDO, COMO HASTA AHORA, el **092**

Ayuntamiento de Madrid

P

¿Sabes cómo se dicen los números de teléfono en español? Haz un intercambio de números de teléfono con tu pareja de clase.

E24

You are staying with a family in Barcelona and are interested to see that their telephone bill looks quite different from the ones your parents receive. You try to work it out.

1 Some items are paid in advance. Are they the equipment or the calls?
2 How much did September's calls amount to?
3 What is the VAT rate payable on telephone bills in Spain?
4 How much did the total come to?
5 On what date was this bill paid?

P

¿Llamas muy a menudo a tus amigos? ¿Qué dicen tus padres? ¿Quién paga normalmente?

CORREOS,

Según FELIX-MANUEL DE SANDE, Director General de Correos. "En el horizonte de 5 a 10 años; la carta personal no pasará del 50% del total del volumen postal. El otro 50% lo ocupará fundamentalmente la Venta por Correo".

No obstante, en estos momentos la venta por correo sigue siendo minoritaria en España, situándose en torno a los 5 dólares per cápita año, mientras que en Inglaterra asciende a 120 dólares, en Francia a 98 y en Alemania a más de 200. Teniendo en cuenta la "Ley de los Vasos Comunicantes" generada por la incorporación de España al Mercado Común Europeo, no es difícil preveer un aumento espectacular para este tipo de venta en la próxima década.

y TELEFONOS

El teléfono se ha revelado como un elemento auxiliar fundamental para la Venta por Correo, de modo que, en estos momentos, en los Estados Unidos se reciben más pedidos por teléfono que por correo, sobre todo a causa de las campañas "TV RESPONSE", (anuncio de venta directa a través de la TV), que han llegado a generar 230.000 llamadas-pedidos en un día, método verdaderamente revolucionario en el comercio, que en España aún no se puede aplicar por insuficiencia tecnológica, pero que acabará implantándose como todo lo malo y lo bueno que nos llega del exterior.

El llamado teléfono "CALL-FREE" ó de llamada gratuita, que según nos dice Telefónica se implantará a lo largo del presente año o principios del 88, permitirá efectuar llamadas gratuitas con cargo al destinatario, que a su vez disfrutará de una tarifa de bloque especial, similar a lo que se paga en estos momentos por el franqueo en destino, con lo que se estimulará grandemente el uso del teléfono para cursar pedidos.

E25

According to this article, which is about selling goods by mail or telephone order, which of the following statements are true?

1 In the next five to ten years, the percentage of personal letters which pass through postal systems will decrease.
2 At the current time, mail order in Spain is big business.
3 Mail order is a very popular means of selling throughout the Common Market.
4 In the United States, ordering by telephone is less popular than ordering by mail.

E26

This newspaper article gives details of a prize awarded to three telephone engineers who came up with a simple but effective solution to a growing problem.

Consuelo Lorenz
Fotos: Ramón Rabal

Tres técnicos de Palma obtienen el premio del concurso de ideas de Telefónica

José Mejías, Miguel Charnenco y Luis Martínez han ingeniado un sistema para descongestionar las líneas internacionales en las centrales

Tres empleados de Telefónica de Palma han resultado galardonados con el primer premio del «Concurso Nacional de Ideas Originales, 1987», que promueve la compañía todos los años entre sus trabajadores.

José Mejías Fernández, Miguel Charnenco Boza y Luis Martínez Lapasió son los tres autores de la idea premiada con un millón y medio de pesetas.

Este estudio, titulado «Reducción del tiempo de ocupación en unidades de control y enlaces internacionales en las centrales PC-1000», surgió de un problema que afecta a nuestras islas: la saturación y el mal uso de las líneas de comunicación al extranjero, sobre todo entre las ocho y las nueve de la noche.

«Debido a la cantidad de cabinas y al número de turistas que acogen las Baleares — indicó Luis Martínez —, nos encontramos con el problema de que la gran mayoría de estos abonados temporales no tienen información de cómo se marca en el servicio internacional. En éste, en las

centrales analógicas o convencionales, que son la casi totalidad de las españolas, hay quien marca un prefijo que es el 07 y con él lo que obtiene es un segundo tono (o señal) y éste, a su vez, es una invitación a marcar ya el servicio internacional (el número deseado)».

Obtenido el segundo tono, la operación siguiente es marcar el prefijo del país y las cifras del abonado. «El problema que se nos creaba — admitió Luis Martínez — es que los abonados marcaban el 07 y no esperaban a tener ese segundo tono o invitación a marcar y pulsaban todas las cifras seguidas. Entonces, nuestras centrales, en

este caso el tren de internacional de Palma y la central internacional de Valencia, no estaban preparadas para recibir estas cifras que

● *Una solución.*— Luis Martínez, uno de los premiados, explica que su mérito ha consistido en encontrar una solución al colapso de las líneas internacionales, provocado por llamadas erróneas.

marcaba el abonado. Así nos encontrábamos con que en las centrales analógicas de Baleares y del resto del país no se registraban todas las cifras, sino que se perdían en ese intervalo de tiempo y quedaban retenidas las llamadas sin completar. La línea permanecía ocupada ineficaz-

mente alrededor de 44 segundos».

La idea

El proyecto mallorquín consiste en desviar las llamadas efectuadas a internacional, sin esperar el «segundo tono», desde centrales analógicas (electromecánicas) hacia «enlaces de números cambiados». En estas últimas centrales, mediante una señal hablada en varios idiomas, se informa a los abonados y usuarios que para ese servicio se ha de marcar el 07 y esperar un segundo tono más agudo. Así, se reduce el tiempo de ocupación en las centrales y se agiliza el tráfico.

1 Give brief details about the problem that they identified. Include information on what time of day it occurred most frequently, who caused it and how.
2 What solution did the engineers come up with?

Chapter 8
Salud y bienestar

Todo el mundo quiere estar sano (hacer ejercicio, vivir y comer saludablemente). ¿Cómo puedes hacerlo? Este capítulo puede darte algunas ideas interesantes. ¡Anímate!

A   Enfermedades

E1

You are spending your summer holidays in the University district in Madrid. One night your friend suddenly feels very sick. You offer to go to the chemist but it is past midnight. Where can you go?

E2

Unfortunately, your friend is no better the next day. Which of these doctors do you contact?

FARMACIAS EN SERVICIO DE GUARDIA
HASTA LAS 22 HORAS

- **TETUAN-FUENCARRAL-PEÑA GRANDE Y BARRIO DEL PILAR**
  ALFONSO RODRIGUEZ CASTELAO.
  PLAZA ARMENTEROS (Valdezarza de Abajo).
  PONFERRADA, 35.
  ALMANSA, 11.
  INFANTA MERCEDES, 59.
  PINOS ALTA, 16.
  VALDERRODRIGO, 54.
  GINZO DE LIMIA, 51.
  JUAN DE OLIAS, 3.
- **UNIVERSIDAD-MONCLOA**
  JOAQUIN MARIA LOPEZ, 19.
  QUINTANA, 20.
- **CHAMBERI**
  RIOS ROSAS, 50.
  LUCHANA, 14.

FARMACIAS EN SERVICIO DE URGENCIA
DIA Y NOCHE ININTERRUMPIDAMENTE

- **TETUAN-FUENCARRAL-PEÑA GRANDE Y BARRIO DEL PILAR**
  PLAZA ARMENTEROS (Valdezarza de Abajo).
  ALMANSA, 11.
  VALDERRODRIGO, 54.
- **UNIVERSIDAD-MONCLOA**
  JOAQUIN MARIA LOPEZ, 19.
- **CHAMBERI**
  LUCHANA, 14.
- **CENTRO-LATINA**
  PASEO RECOLETOS, 39.
  VENERAS, 4.
- **CARABANCHEL-EXTREMADURA**
  CALLE DE LA LAGUNA, 48.
  AVEFRIA, 2.
  GALICIA, 23.
  LUIS PANDO, 9.
- **ARGANZUELA-VILLAVERDE-USERA**
  PASEO DE YESERIAS, 51.
  MARQUES DE JURA REAL, 21.

VALLEJO
PODOLOGO
ENFERMEDADES DEL PIE

P

Telefonea a tu amigo(-a) para explicarle que no puedes ir al cine con él/ella porque estás enfermo(-a).

CONSULTORIO MEDICO · QUIRURGICO
Dr. Oscar Velazquez
SERVICIO PERMANENTE

CONSULTORIO DE PEDIATRIA
Dr. A. MORRAJA NOT
Pediatría - Puericultura - Recién nacidos - Prematuros
Infancia - RX - Vacunas - Nutrición
bronquitis y asma infantil
Para visitas llamar al ☎ 36 35 66
c/. Drassanes, 5 - 1°   ☎ 36 35 66

CLINICA REUMATOLOGICA
DR. RUEDA RUA
(Ex-Reumatólogo de los Hospitales de Montpellier-Francia)
★ RAYOS X ★ LASER ★ ELECTROTERAPIA
Plaza de Galicia, 3-6.° Derecha - Teléfono 563599

E3

It is likely that your friend will receive a receipt like this one from the doctor for the treatment received.
Can you tell what happened to Joanna from this receipt?

URGENCIAS MEDICAS   ☎ 722222
SERVICIO PERMANENTE   722008 - 71 59 92

OFICINA CENTRAL: C/. Gabriel Alomar i Villalonga, 22 - 1.° C
07006 PALMA DE MALLORCA

Caja de Seguro ___
Número ___
Nombre _JoaNNa SymoNs_
Dirección país origen ___
Hotel _TorraNova 404_
Diagnóstico _ContuSion muñeca_
Agencia ___
Clínica ___
Firma paciente ___
1.° visita _9/4 visita medico_
2.° » ___
3.° » ___
Material ___
Total _35.4.000_
Fecha _Palma Nova 9/4/87_
Doctor _L. Moles_

E4

Later on during your stay, you develop toothache.

1 Why is this advertisement of help to you?
2 Is the clinic on the ground floor?

CLINICA DENTAL VEGA

Avda. Rep. Argentina, 166, entlo., 1. Tel. 476 70 70
ABIERTA EN AGOSTO

E5

After a quick visit there for a filling, you pick up this leaflet. What physical problems can be brought on by bad teeth?

≡ CLINICA DENTAL VEGA ≡

CONSERVEME: PUEDO SER DE GRAN INTERES PARA USTED

Se ha parado alguna vez a pensar en los problemas que acarrea una dentición en mal estado y sus posibles consecuencias, como por ejemplo: dolores de cabeza, problemas reumáticos, estomacales, artrosis, pérdida de visión, calvicie, problemas auditivos, etc.

No lo dude. Visítenos sin compromiso, le reconoceremos y asesoraremos de su problema **GRATUITAMENTE**. Tenemos a su disposición los sigulentes servicios:

> **ODONTOLOGIA GENERAL**
> **CIRUGIA - PERIODONCIA**
> **ENDODONCIA - ORTODONCIA**
> **Y PROTESIS EN GENERAL**

Todos los materiales son de primera calidad y tratados con las últlmas técnicas modernas

DISPONEMOS DE LABORATORIO PROPIO

Llámenos al teléfono 476 70 70

o deje su mensaje en el contestador automático

E7

What does this sign advise people to do?

TENER DOS GAFAS NO ES UN LUJO.
ES UNA NECESIDAD.

INDO

¿VES BIEN?

Es un mensaje de la CAMPAÑA DE PROTECCION OCULAR
Dos ojos para toda la vida

E6

You are interested in young people's problems and notice this advertisement.

1 What are those who might have a drug problem invited to do?
2 What are the two advantages of the service?

D R O G A S

Si este es tu problema,
LLAMANOS

Asociación de Cooperación Juvenil
San Miguel y Ayuda al Toxicómano

DECLARADA DE UTILIDAD PUBLICA

STA CRUZ:	28.85.64
	28.88.16
LA LAGUNA:	25.05.12
OFRA:	65.12.90

EL SERVICIO ES ANONIMO =GRATUITO=

P

¿Existe en tu ciudad un centro de ayuda a los jóvenes?

AGRUPACION PARA EL SEGURO TURISTICO ESPAÑOL
(Servicio Sindical) ASTES. Núñez de Balboa, 101. Teléfono 261 72 05
MADRID-6

VALIDEZ			
DEL	10	7 Julio	19 76
AL	30	7 Julio	19 76

EMITIDA POR LA «AGRUPACION» EN NOMBRE Y POR CUENTA DE LAS ENTIDADES ASEGURADORAS AGRUPADAS

POLIZA DE SEGURO TURISTICO A N.º ✳ 806380

ASEGURADO	NOMBRE Y APELLIDOS	PASAPORTE O DOCUMENTO IDENTIDAD	NACIONALIDAD
	Souier Madeleine ROVVE	N.º 064455-B	Britannia

HA CONTRATADO LOS SEGUROS DE **ASISTENCIA SANITARIA, ACCIDENTES INDIVIDUALES Y EQUIPAJES** FIJANDO COMO DOMICILIO DE REPATRIACION EL QUE FIGURA EN EL DOCUMENTO RESEÑADO.

EXPEDIDA

LE

PAR

EL ASEGURADO,

LA ENTIDAD EMISORA,
POR LA AGRUPACION.

RECIBI

DIAS	PESETAS
8	210.-
15	285.-
30	450.-

E8

A friend has been taken ill while in Spain and is not sure how to claim. She shows you her insurance policy.

1 How long was the period of cover?
2 What three pieces of information did she have to give?
3 What are the three categories of misfortune covered by this policy?
4 How much did she pay for the period covered?
5 Was your friend in Spain to work, to study, or on holiday?

E9

She asks you to check her sickness cover conditions. Which of the following costs are recuperable under the policy?

1 Only certain treatments and not X-rays.
2 Transfer to hospital in case of illness.
3 Surgery.
4 All medicines, and even blood transfusions.
5 Full board for a companion.
6 A stay in an hotel if prescribed by a doctor.
7 Repatriation, if needed, and by any means of transport.

CONDICIONES PARA LA COBERTURA DE LOS RIESGOS CONTRATADOS

ASISTENCIA SANITARIA

I.—Por la presente cobertura, se garantiza al asegurado que, en caso de enfermedad o accidente, recibirá las siguientes prestaciones:

1. Toda clase de tratamiento médico y quirúrgico, así como exploraciones y estudio complementario de diagnóstico (rayos X, análisis, etc.) en aquellas enfermedades de carácter agudo, crónicas en sus agudizaciones y en las derivadas de accidentes de todas clases.

2. Traslado del enfermo o accidentado a clínica, sanatorio u hospitales.

3. Estancias, manutención y curas del enfermo en el sanatorio correspondiente, en aquellos tratamientos de tipo quirúrgico.

4. Durante el tiempo de permanencia del enfermo en el sanatorio, tendrá derecho a la totalidad de los medicamentos que precise (fórmulas, especialidades y antibióticos), así como a transfusiones de sangre y plasma.

5. Estancia y desayuno de un acompañante en clínica.

6. Estancia prolongada en hotel, por accidente o enfermedad, previa prescripción médica.

7. Repatriación del paciente, por acuerdo del médico, en casos de enfermedad o heridas graves, utilizando para dicha repatriación, si fuesen necesarios, ambulancia, coche-cama u otro medio de transporte, hasta un límite, en los gastos, de 15.000 pesetas.

B Medicinas

E10

While staying with your penfriend in Spain, you offer to look after his younger brother for the day. Unfortunately, he falls over and grazes his knee. He shows you this product in the medicine cabinet. Can you be sure he has chosen the right one?

1 What will it do for wounds and grazes?
2 What must you do before applying the product?
3 What should you use to help apply the product thoroughly?
4 For a serious graze, how many times might you apply Cinfacromin?
5 As he is young, what must you be sure to do? Why?

5 - EFP

cinfacromin

20 c.c.
Solución

Manténgase fuera del alcance de los niños
No ingerir

Desinfectante en heridas abiertas y contaminadas, rozaduras, escoceduras.

Lavar bien la zona afectada y aplicar unas gotas extendiéndolas con un algodón.
Puede repetirse la aplicación 2 ó 3 veces al día.

Composición por 100 c.c.
Merbromina .... 2,50 g

VIA TOPICA

P.V.P. 156 Ptas.
P.V.P. IVA 165 Ptas.

E11

While in the medicine cabinet, you notice some other useful medicines. It is advisable to know in advance what they can be used for. The brand names of the medicines are listed below with the symptoms they are meant to cure.

Product	Respiratory problems and bronchitis	Ear infections	Coughs	Colds, flu feverish aches
A Clamoxyl				
B Synalar				
C Frenadol				
D Codeisan				

Copy out the box and tick the product that can be used for the symptoms mentioned.

Clamoxyl Mucolítico (A)

INDICACIONES
Bronquitis bacteriana, aguda y crónica.
Exarcebaciones bacterianas agudas en bronquíticos crónicos.
Traqueobronquitis agudas bacterianas post-gripales.
Bronquiectasias.
Neumonías y bronconeumonías.

POSOLOGIA
Niños de 1 hasta 5 años (10-20 kg).
De 1/2 a 1 cucharadita cada 8 horas.
Niños de más de 25 kg.
1-2 cucharaditas cada 8 horas.
Adultos.
1 cápsula de 500 mg. cada 8 horas.

SYNALAR® Otico (B)
Solución tópica

INDICACIONES
Procesos inflamatorios o alérgicos que cursan con infección, producidos por gérmenes sensibles a la Neomicina y Polimixina y susceptibles del empleo de corticoides.

POSOLOGIA Y MODO DE EMPLEO
Instilar 3-4 gotas en el oído enfermo de 2 a 4 veces al día.

CODEISAN® (D)

INDICACIONES
— Sedación de la tos.
— Analgésico general, especialmente en procesos dolorosos viscerales leves o moderados, dolores periódicos de la mujer, cefaleas, etc.

POSOLOGIA
Adultos y niños mayores: 1 comprimido o supositorio cada 6 horas.
Niños de 6 a 12 años: 1/2 comprimido cada 6 horas.
Niños de 2 a 6 años: 1/4 comprimido cada 6 horas o 1 supositorio infantil cada 6 horas.
Las dosis deben ajustarse a la respuesta del paciente.

FRENADOL ® (C)

INDICACIONES
Tratamiento sintomático de la gripe, resfriado común, estados catarrales, afecciones por enfriamiento que cursen con dolor y fiebre.

POSOLOGIA
El contenido de un sobre se toma disuelto en medio vaso de agua.

En los adultos la dosis es de un sobre cada 6-8 horas (3-4 sobres/día). Es importante iniciar la medicación al notar los primeros síntomas.

En los niños de 6 a 12 años se administrará cada 6 horas el contenido de medio sobre.

No se recomienda en niños menores de seis años.

Estas dosis pueden ser alteradas por indicación facultativa.

E12

You also have to be sure you know the correct application and dosage! Match the medicines (**A–D**) to the instructions (**1–4**) below.

Instructions
1 For adults, 1 capsule every 8 hours.
2 Put drops in the ear up to 4 times a day.
3 For children aged 6–12, half a tablet every 6 hours.
4 Dissolve the sachet in half a glass of water.

C Belleza

It is very natural for Britons to seek sun abroad!

E13

However, this article gives useful information about the dangers of too much sun.

1 How did Mrs López's problem arise?
2 How could she have alleviated the danger?
3 What had happened to the baby girl?
4 What symptoms could follow?

While in Spain, you fancy a new hairstyle!

E14

You see several street signs. Which establishment caters for men's haircuts?

PELUQUERIA-SEÑORAS
PALAS
ENTLO. A

JOAN i XESC
SEÑORAS Y CABALLEROS

PELUQUERIA DE SEÑORAS
Nacar

*HASTA EL
30 DE OCTUBRE*

Súper-Promoción
Sólo con
nuestros Estilistas

LAVAR, CORTAR Y PEINAR: 1.150 PTAS.

Sin límite de edad

Con mechas o reflejos:
3.650 Ptas. (+ IVA)
Con tinte: 1.950 Ptas.

carlos
Calico

Peluqueros

Velázquez, 89. Gta. de Bilbao, I.
General Moscardó, 30

E15

Here (on the left) is a special offer for women.

1 Will the offer be valid until you leave at the end of August?

2 You are not sure about the standard. Will a trainee cut your hair?

3 What three things does the basic price include?

4 You might try highlights. How much more would it cost?

5 The grandmother in the family where you are staying fancies coming too. Is she eligible for the offer?

E16

You notice an advertisement promoting 'body beautiful'!

1 What claims are being made for followers of programmes at the Sansón institute?

2 If you lived in Barcelona, what could you take advantage of?

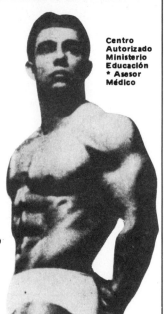

D   Comida sana

Spanish food is delicious and so is your penfriend's mother's cooking! Better plan your diet! Here are some suggestions for a three-meal-a-day diet.

A

Desayuno: Huevo revuelto con unas gotas de leche descremada, un tomate pequeño y 7 g. de margarina vegetal. **Almuerzo:** Berenjena rellena de cebollas (5 g.), nueces (50 g.), champiñones (50 g.), y con 100 judías verdes como guarnición. La berenjena previamente se cuece, se rehoga el relleno con agua y levadura y se hornea durante 20 minutos. **Cena:** Ensalada de 50 g. de garbanzos, 1 cebolleta, 1 tallo de apio, 15 g. de perejil picado, 1 cucharada de zumo de limón, 7 g. de aceite, sal de ajo y dos rebanadas de pan de centeno.

B

Desayuno: Zumo de naranja y 50 g. de cereales con leche descremada (150 ml.). **Almuerzo:** Arroz integral con pasas, manzana y nueces. Se le puede añadir una zanahoria y un tallo de apio. **Cena:** Ensalada de lechuga y plátano con salsa de yogur, zumo de limón y manteca de cahuetes.

A

1 What are you allowed for breakfast?
2 How might you prepare the second course?
3 At which meal might you have salad?
4 Give two ingredients of the dressing.

B

1 What two liquids are you allowed for breakfast?
2 What type of dish is suggested for lunch?
3 Name two of the ingredients.
4 The recipe for the salad supper looks interesting. Which of the following possible ingredients are included?

   a) white cabbage   e) carrots
   b) lettuce   f) yoghourt
   c) banana   g) orange juice
   d) orange   h) peanuts

P

Y tú, ¿qué haces para mantener la línea? ¿Practicas algún deporte? ¿Mantienes una dieta sana?

Estar delgada
UNA FORMA DE VIDA

Los 10 consejos de DIEZ MINUTOS

PASO ya el momento de hacer un régimen «alocado», con el que perder unos cuantos kilos en pocos días. Estar delgada era fundamentalmente una cuestión de estética y, sobre todo, la última moda. En la actualidad, lo más correcto es optar por una dieta sana y equilibrada, que nos libre de la obesidad, no sólo un problema estético, sino la causante de un gran número de enfermedades, principalmente las cardiovasculares. No se trata tan sólo de estar esbelta, sino más bien de estar sana.

Seguro que si le sobra algún kilo, en más de una ocasión ha intentado algún régimen más o menos exótico, y los resultados, al final, no han sido los deseados. Puede que nuestras sugerencias le sirvan para lograr sus objetivos.

1. Cada persona tiene un ritmo «personal» de adelgazar, no se fije en los demás. A la hora de intentar seguir un régimen, tenga el ánimo «a tope». Planifíquelo con antelación, siguiendo los consejos de su médico y llévelo a cabo con seriedad.

2. Si adelgaza muy de prisa, engordará muy de prisa. Pésese tan sólo una vez a la semana, desnuda y a la misma hora.

3. Procure comer de todo, evitará, de esta manera, cualquier carencia. Hay que lograr un equilibrio entre los distintos nutrientes: 15 por 100 de proteínas, 35 por 100 de grasas y 50 por 100 de azúcares.

4. El desayuno ocupa un lugar primordial en la dieta, dele la importancia que se merece.

5. Coma despacio, mastique lentamente y, sobre todo, no picotee entre horas.

6. El agua es la mejor bebida que existe para adelgazar, ya que cuando el estómago está lleno de agua, no hay sensación de hambre. Además, tiene un gran valor diurético.

7. Algunas mujeres aumentan de peso días antes de la menstruación. Simplemente se retienen líquidos, que se pueden evitar fácilmente tomando vitamina «A» o tisana.

8. Luche contra el estreñimiento, provoca la aparición de celulitis. Coma «fibras», favorecen el funcionamiento del intestino. Tome poca sal: retiene líquidos y abre el apetito, además de ser nociva para la salud. Deje a un lado los picantes y no abuse de excitantes como el café.

9. Pásese a los pescados y carnes a la plancha. Olvídese de las grasas. Consuma verduras, ensaladas, frutas, yogures, quesos ligeros... Por supuesto, no se olvide de las vitaminas, ya que son imprescindibles para el equilibrio de nuestro organismo.

10. Si no es capaz de practicar algún deporte, al menos olvídese de los ascensores y camine. Y, por favor, ¡olvídese! de las «dietas famosas». No existe la dieta-milagro.

E18

It's certainly true that staying slim is a 'way of life'. This article gives some advice and ten helpful points.

1 Previously, being slim was thought of as just being fashionable. Give three benefits which guide our current thinking on being slim.

2 Match the ten points in the article to the advice (**A–J**) given below.

	Advice	Number
A	Breakfast is very important.	
B	Eat fibre. Do not add salt and spices.	
C	Only weigh yourself once a week.	
D	Forget the lift – walk upstairs!	
E	If you intend to diet, plan in advance and do it seriously.	
F	Eat vegetables and yoghourts, but don't forget the vitamins.	
G	You should aim for nutritional balance.	
H	Eat slowly and do not nibble between meals.	
I	Some women retain liquid just before their period.	
J	The best drink for slimming is water.	

P

Formula, con tu compañero(-a), la 'dieta ideal': qué comer y cuánto para el desayuno, el almuerzo y la cena.

E19

There are seven practical guides published by the magazine *Vitalidad* that give details of all you need to know about your health!

Can you match the brief descriptions (**A–G**) to the relevant issues of the guides (**1–7**) in the advertisement?

A	Gives you the ideal diet to banish cholesterol.
B	How to choose the most appropriate activity; guide to exercises.
C	Gives the risks and advantages for each different contraceptive method.
D	Tells you how to deal with being overweight without taking risks.
E	Basic care for the future mother; preparing for the birth.
F	How to recognise and deal with stress, the illness of our times.
G	Recommended doses of vitamins and which foods contain them.

MENS in CORPORE

SANA SANO

Un ejercicio a recuperar

EL PASEO CAMPESTRE

En nuestro presente artículo vamos a tratar de analizar las muchas ventajas de un paseo por el campo en contraposición con un paseo por la ciudad

El sol y el aire libre, que no llegan a los lugares cerrados de las ciudades, nos bañan en el campo devolviéndonos nuestra energía.

El cuerpo humano no está diseñado para caminar sobre suelos lisos como los de las ciudades, calles o casas.

La rugosidad natural del suelo en el campo, estimula nuestro organismo a través de su acción sobre los reflejos de la planta del pie.

Cuando se menciona la excursión campestre uno tiende a asociar la imagen con las bucólicas descripciones de la literatura romántica del siglo pasado: mujeres con sombrillas blancas y amplios vestidos, sentadas sobre la hierba, la merienda en un gran mantel apuntillado y algún caballero leyendo unos sonetos. La versión moderna es también conocida: sillas plegables, comida envuelta en papel de aluminio y el radio-cassete sonando a toda marcha.

Además de este popular y saludable estilo dominguero de ir al campo, nos gustaría reivindicar este escenario en el marco de uno de los ejercicios más completos que existen: el paseo campestre.

Analizaremos a continuación, punto por punto, las condiciones, beneficios y forma de realizar esta saludable actividad.

1º A diferencia del aire **CONTAMINADO** de la ciudad, en el campo el aire es

PURO. Aproveche esta valiosa oportunidad para oxigenar los pulmones y todas sus células. El propio esfuerzo físico de la marcha hace aumentar el ritmo y la capacidad de la respiración, de tal modo que uno absorbe ese plus de aire puro sin necesidad de preocuparse por ello.

2º EL SOL y **el AIRE LIBRE,** que no llegan a los **LOCALES CERRADOS** donde se suele desenvolver nuestra actividad ciudadana, bañan naturalmente en el campo tu cuerpo. Descubre progresivamente los brazos, las piernas y el torso para que puedan beneficiarse de este modo.

3º El cuerpo humano no está diseñado para caminar por suelos **LISOS** como los de nuestras calles o casas. La **RUGOSIDAD** del suelo natural del campo, con sus piedrecitas, ramas, montículos, etc. estimulan todo el organismo a través de su acción sobre los reflejos de la planta del pie.

4º La HORIZONTALIDAD

del pavimento de las ciudades hace que las articulaciones de las piernas y especialmente la rodilla y la cadera no desarrollen su juego completo, creando así el terreno fértil de afecciones tan extendidas como la artrosis. El **RELIEVE** característico del paisaje natural ejercita el juego completo de tobillo, rodillas, caderas e indirectamente de todo el cuerpo al subir, bajar, trepar o saltar.

5º El calzado y los suelos sintéticos **AISLAN** los pies de la tierra. Este contacto primordial es el canal de poderosas corrientes de energía: una que absorbemos directamente de la tierra, y otra que descargamos de la atmósfera.

Durante los descansos del paseo campestre conviene descalzarse sobre la hierba húmeda o sobre alguna roca para restablecer esa fundamental **CONEXION** con la piel natural del planeta. Con toda probabilidad sentirán calor, cosquilleo o alguna sensación análoga como una agradable

manifestación del flujo de energía que de nuevo se restablece.

6º En la ciudad nos hallamos rodeados de materias **SINTETICAS** y objetos **INERTES.** En el campo todo es **VIDA** y por eso despierta ese fantástico fenómeno que es la "Bioresonancia": la vida se comunica con la vida y crea como un mar de energía con el que el cuerpo se conecta y restaura sus fuerzas.

E20

Brisk exercise, we all know, is essential to good health. This article extols the virtue of walking in the countryside. Briefly summarise its main advantages over city jogging.

Chapter 9
Viajes y transportes

¡Aquí tienes algunas ideas para cuando viajes por España!

A   En coche

Driving around a Spanish town, you will see many different signs giving traffic instructions. Some are quite easy to guess. Here are some about parking – always a big problem in towns!

E1
Why can you not park in these places?

VADO PERMANENTE

Prohibido Aparcar
Paso de Camiones
Llamámos Grúa

E2
What would happen if you parked your car here?

NO APARCAR AVISAMOS GRUA

E3
How much does it cost to park here?

APARCAMIENTO / PARKING
PROPINA VOLUNTARIA
GUARDA COCHES. GRACIAS

E4
Here is a ticket from a machine in an underground car park.

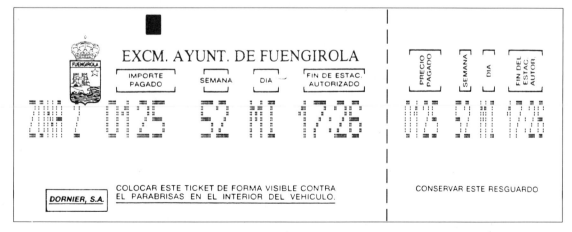

EXCM. AYUNT. DE FUENGIROLA

IMPORTE PAGADO   SEMANA   DIA   FIN DE ESTAC. AUTORIZADO

PRECIO PAGADO   SEMANA   DIA   FIN DEL ESTAC. AUTOR.

DORNIER, S.A.   COLOCAR ESTE TICKET DE FORMA VISIBLE CONTRA EL PARABRISAS EN EL INTERIOR DEL VEHICULO.

CONSERVAR ESTE RESGUARDO

1 Where should you place the ticket?
2 How much does it cost?
3 When does the parking time expire?

4 On which day was this ticket issued?
5 What should you do with the right-hand section?

E5

If a Spanish driver is stopped by the Spanish police, they will probably ask him for this document. What is it?

1 APELLIDOS	CATEGORIAS DE VEHICULOS PARA LOS CUALES ES VALIDO EL PERMISO		Sello de la autoridad	FECHA DE EXPEDICION	VALIDO HASTA
	A1	Motocicletas cuya cilindrada no exceda de 75 c.c. y coches de inválidos.			
2 NOMBRE	A2	Motocicletas con o sin sidecar y vehículos de tres ruedas dotados de motor cuyo peso en vacío no exceda de 400 kgs.			
3 FECHA NACIMIENTO		Automóviles destinados al transporte de personas cuyo número de asientos no exceda de nueve, incluido el correspondiente al conductor (1), o destinados al transporte de mercancías cuyo peso máximo autorizado no exceda de 3.500 kg. Pueden arrastrar un remolque cuyo peso máximo autorizado no exceda de 750 kg.			
4 DOMICILIO	B				
5 EXPEDIDO POR EL JEFE DE TRAFICO	C	Automóviles destinados al transporte de mercancías cuyo peso máximo autorizado exceda de 3.500 kg. Pueden arrastrar un remolque cuyo peso maximo autorizado no exceda de 750 kg.			
6 EN	D	Automóviles destinados al transporte de personas y que tengan, además del asiento del conductor, más de ocho asientos. Pueden arrastrar un remolque cuyo peso máximo autorizado no exceda de 750 kg.			
EL DIA FIRMA DE LA AUTORIDAD	E	Vehículos con remolque cuyo peso máximo autorizado exceda de 750 kg. El remolque irá acoplado a los vehículos a que habilita el Permiso de la clase.			
N.º					
FIRMA DEL TITULAR					

E6

In these car parks there are attendants to give out the tickets.

1 How much does it cost to park your car in Mijas?
2 When must you pay?
3 What is the maximum length of time you can park for during the first parking period of the day?
4 What would you not be allowed to do if you did not pay?
5 What gives you the impression that Mijas is a polite and friendly town?
6 When can you use the car park in Santillana?

AYUNTAMIENTO DE MIJAS   **PESETAS 20**

Servicio Municipal de Aparcamientos Vigilados para Vehículos

El pago se hará en el momento de aparcar el vehículo, no permitiéndose la salida en ningún caso sin haber abonado la tasa. Este boleto es valedero para todos los aparcamientos vigilados en las horas indicadas. Deberá exhibirse a petición de cualquier empleado del servicio.

Nº 07927

Primer turno: 8 mañana a 3 tarde.

COCHES: VEINTE PESETAS

Segundo turno: 3 tarde a 9 noche.

El Ayuntamiento de Mijas agradece su visita.

24-12-88

AYUNTAMIENTO SANTILLANA DEL MAR

APARCAMIENTO VIGILADO SERVICIO DIURNO
Ordenanza Municipal (18-XII-1986)

Tasa **25 Pts.**

Nº 08731	Matrícula	Fecha	De 10 mañana a 8 tarde

No se responde de objetos que no se confien al encargado

E7

If you do not obey the rules, you may get a parking ticket! Why was this fine issued?

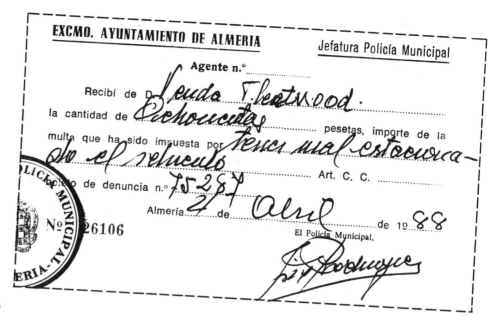

E8

Here is another parking ticket!

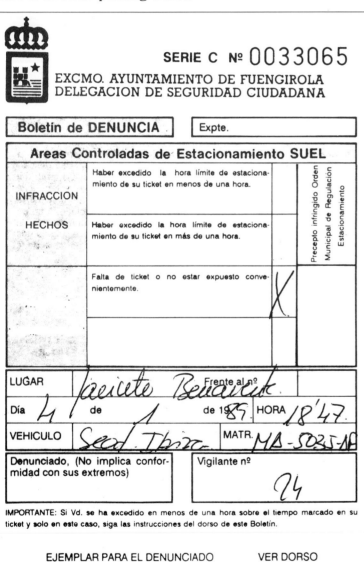

SERIE C Nº 0033065

EXCMO. AYUNTAMIENTO DE FUENGIROLA
DELEGACION DE SEGURIDAD CIUDADANA

| Boletín de DENUNCIA | Expte. |

Areas Controladas de Estacionamiento SUEL

INFRACCION	Haber excedido la hora límite de estacionamiento de su ticket en menos de una hora.	Precepto infringido Orden Municipal de Regulación Estacionamiento
HECHOS	Haber excedido la hora límite de estacionamiento de su ticket en más de una hora.	
	Falta de ticket o no estar expuesto convenientemente.	X

LUGAR *Jaecete Beuacut* Frente al nº
Día *4* de *1* de 19 *85* HORA *18'47*
VEHICULO *Seat Tbor* MATR. *MA-5025-AP*

| Denunciado, (No implica conformidad con sus extremos) | Vigilante nº *74* |

IMPORTANTE: Si Vd. se ha excedido en menos de una hora sobre el tiempo marcado en su ticket y solo en este caso, siga las instrucciones del dorso de este Boletín.

EJEMPLAR PARA EL DENUNCIADO   VER DORSO

E9

This sign also needs to be observed by all drivers!

CEDA EL PASO

What does it mean?

E10

AUTO ESCUELA REYNES

HORARIO de 18 a 21
TEL. 63 23 06   3er. PISO

What sort of lessons could you have here?

1 Which of the following statements is true?
   a) The owner had exceeded the parking time.
   b) The owner had not displayed a ticket.

2 The car in question was:
   a) a Ford
   b) a Renault
   c) a Seat?

E11

You travel with your family to Spain. On arrival, your parents decide to hire a car and ask you to explain the terms.

ALQUILER DE COCHES

15 % de descuento al presentar en el día
y aeropuerto de llegada esta tarjeta y su billete
aéreo en el mostrador de ATESA/IR.

En su próximo viaje, haga previamente
su reserva conjunta IBERIA-ATESA.

1 What two things must you present at the ATESA-IR desk to get the best terms?
2 Can you only get the discount if you rent a car on the day you arrive?
3 What do they suggest you do next time?

E12

Here are the rates and conditions regarding the ATESA car hire charges. Your parents want to hire the car for one week and intend to do a lot of touring. They therefore want a car where there is no excess charge for mileage. You fancy a car with a radio. Work out for your father how much one week's hire of the car would be and how much extra he has to pay to avoid paying for any damage to the hired car.

Does the discount available by using the leaflet above make up for the VAT charges that would be levied?

EN VIGOR: JULIO 1988
PENINSULA

			○ TARIFA ESPECIAL	
		Puertas	Por día Mín. 7 días Kms. ilimitado	Por día Mín. 14 días Kms. ilimitado
Grupo	MODELO			
O	Seat Marbella	2	4.350	3.870
A	Ford Fiesta Opel Corsa Renault 5 VW Polo	2 2 2 2	5.500	4.900
B	Citröen AX 1.2 Peugeot 205 GL 1.2 Seat ibiza 1.2	2 4 2	7.000	6.230
C	Ford Escort 1.3 ♫	4	8.500	7.570

♫ Radio.

CONDICIONES GENERALES

SEGUROS: Las tarifas de ATESA incluyen el seguro de responsabilidad civil y daños a terceros por cantidad ILIMITADA, así como cobertura por la pérdida y daños por incendio o robo del vehículo.

La responsabilidad del arrendatario por daños al vehículo alquilado, puede eximirse pagando el suplemento que se indica a continuación.

GRUPO DE COCHE	RESPONSABILIDAD	SUPLEM. POR DIA
O	130.000	700
A	140.000	700
B	160.000	750
C	180.000	850

Para los riesgos de accidente corporal, disponemos de una cobertura para el arrendatario y pasajeros, que puede adquirirse por 300 ptas. por vehículo y día.

IMPUESTOS: El importe total de los cargos del alquiler, está sujeto al pago del 12 % de I.V.A. y al 4 % de I.T.E. en las Islas Canarias.

TARIFAS Y PAGOS: Esta tarifa está cotizada en pesetas. **El período mínimo de alquiler es un día (24 hrs)**. El combustible y multas de aparcamiento y tráfico son a cargo del cliente. Los gastos de aceite son reembolsables contra presentación de recibos, a la terminación del alquiler.

Para su comodidad puede cargar el alquiler a la TARJETA DE CREDITO DE ATESA o a cualquiera de las principales tarjetas de crédito. De otro modo, debe pagarse anticipadamente el costo estimado del alquiler, más 8.000 ptas. como depósito.

ENTREGAS/RECOGIDAS: Sin cargo adicional, dentro de los límites de la ciudad entre las 09:00 y las 19:00 horas de lunes a viernes y sábados de 09:00 a 13:00 horas. Fuera de dicho horario, así como en días festivos, se cargarán a 1.500 ptas.

E13

Your penfriend's family is thinking of changing their car. First they consider purchasing a new car and you look at advertisements with them.

CON FORD, DISFRUTE DEL VERANO

COMPRE SU FORD EN AGOSTO Y PAGUELO EN FEBRERO DEL AÑO QUE VIENE

Si está loco por irse de vacaciones, acérquese a vernos.

Le damos todas las facilidades para que estrene su Ford ahora y disfrute del verano sin preocuparse de pagos.

Fíjese; de momento, tiene hasta Febrero para empezar a pagar los recibos. Con una entrada desde el 10%, dispone de 24 hasta 48 meses para financiarlo.

Haga números. Entre en el mundo de Ford. Tiene toda la gama, en diesel o en gasolina, para decidir.

Apresúrese. Pregúntenos sobre esta oferta antes del 31 de Agosto. Le informaremos en detalle.

Red de Concesionarios

Which of the following points are true?
1 You have to pay straight away.
2 You can enjoy having your new car this summer.
3 You must complete the payments by February.
4 You must put down a minimum of ten per cent, as a deposit.
5 You can take up to five years to pay.
6 The offer is only valid up to 31 August.

E14

The family decides that a second-hand car would probably be better. Your penfriend shows you the classified advertisements that they are interested in.

AUTOMÓVILES TURISMOS		
VENTAS (OCASIÓN)		
	MERCEDES 230 E W 123, ABS, oportunidad. Fco. Darder, 1. ☎ 204 19 01.	**AUDI 100** CD. SE. L-H. Full equip. 900.000. ☎ 203 88 54.
	MERCEDES 230 E W 123, automático, aire, ABS. Fco. Darder, 1. ☎ 204 19 01.	**AUDI 100** CC. B-JD. 83. Radio. 1.750.000. ☎ 203 88 54.
MERCEDES 280 SE 83, completo, extras. Fco. Darder, 1. ☎ 204 19 01.	**MERCEDES 280 TE** Familiar, oportunidad, perfecto estado. Aguilera. ☎ 203 1614.	**BMW 316** Verde. Radio. 950.000. ☎ 203 88 54.
MERCEDES 230 E W 124. Techo, ABS + extras. Fco. Darder, 1. ☎ 204 19 01.	**T. TERRENO** Mitsubishi turbo diesel, 7 plazas. Fco. Darder, 1. ☎ 204 1702.	**BMW 520 I** 83. Gris antracita. 1.800.000. ☎ 203 18 61.
MERCEDES 300 D W 124, aire + extras. Fco. Darder, 1. ☎ 204 19 01.	**AUSTIN MONTEGO** 2.000 I. B-JB. 1.950.000. ☎ 203 88 54.	**BMW 525 E** B-GH. Automático. Azul met. 1.950.000. ☎ 203 78 64.
MERCEDES 300 D W 123, aire, 88 HP, oportunidad. Fco. Darder, 1. ☎ 204 19 01.	**ALFA ROMEO 33** B-IC. Gris oscuro. ☎ 203 88 54.	**BMW 728 I** 81. Azul metal. ☎ 203 42 56.

Which number would they telephone if they wanted:
1 a family Mercedes in very good condition
2 a metallic blue BMW with automatic transmission
3 a diesel-powered 'all terrain' vehicle?

E15

The eldest son rather fancies a motorbike. He cuts out this advertisement and tells you why this looks a good buy. Which three points does he mention?

> **MOTO HONDA 400**
> moderna, se vende, con alarma, 2 en 1 tubo de escape. Precio de ocasión.
> **Llamar teléfono 646841**

E16

What facilities are available for cars on the ground floor of this building?

> **ESTACION SERVICIO**
> **LAVADO AUTOMATICO**
> **CAMBIO DE ACEITE**
> **PLANTA BAJA**

E17

What free checks are being offered by the government during this period?

PONGA A PUNTO SU SEGURIDAD

Revisión gratuita del 14 al 19 de Octubre

FRENOS ✓
RUEDAS ✓
DIRECCION ✓
LUCES ✓
SUSPENSION ✓

Revise a fondo, estos puntos de su vehículo. Ayudará a reducir el número de accidentes en España y se ayudará a sí mismo. La Dirección General de Tráfico ha organizado una campaña de mantenimiento del vehículo, con centros de diagnóstico que le atenderán gratuítamente.

Dirección Gral. de Tráfico
MINISTERIO DEL INTERIOR

RUEDAS Y VELAS

El Ibiza es uno de los modelos importados de mayor aceptación.

SEAT, entre los grandes fabricantes mundiales

• La empresa española produce ya más de 20.000 coches al día

SEAT, la empresa española del Grupo VW ha entrado a formar parte del grupo de los grandes fabricantes mundiales de automóviles, al haber rebasado la cota de los 2.000 coches por día. Este hecho es un claro reflejo de la recuperación conseguida por la nueva SEAT, integrada desde junio de 1986 en el Consorcio alemán, líder europeo del automóvil.

El aumento de la producción de SEAT, que ha conseguido optimizar así su capacidad instalada, dio origen —el pasado año— a un nuevo record en la historia de la automoción española.

En efecto, SEAT, con sus más de 400.000 unidades fabricadas, ha sido la primera empresa de las instaladas en España que alcanza y supera el citado número.

Uno de los factores clave en la alta producción de SEAT ha radicado en los buenos resultados comerciales que se vienen obteniendo, tanto en el mercado interior como en el exterior; son en especial, excelentes las cifras de ventas del modelo Ibiza, del que se producen ya más de 850 coches al día, y que en breve plazo serán más de 1.000, destinados en su mayor parte a la propia España, Italia o Francia. En los dos países extranjeros el Ibiza es uno de los modelos importados de mayor aceptación.

Como consecuencia de esta recuperación, SEAT volvió a generar —en 1987— nuevos puestos de trabajo, habiendo ampliado plantilla por primera vez después de varios años de sucesivas reducciones. Gracias a las nuevas incorporaciones, la empresa española ha podido incrementar su productividad, y ha visto rejuvenecida sensiblemente la edad media de sus recursos humanos.

Seis millones de vehículos salen a la carretera durante la 'operación retorno'

MADRID, Colpisa.– Desde las tres de la tarde del viernes y hasta las doce horas del domingo, 68 personas murieron, 49 resultaron heridas graves y 12 leves en 58 accidentes de circulación. Sin embargo, aún no ha tenido lugar el regreso masivo que, según prevé la Dirección General de Tráfico, se producirá del 30 de agosto hasta el 1 de septiembre.

El viernes pasado se produjeron 10 siniestros en los que murieron 12 personas, 6 resultaron heridas graves y 3 leves. El sábado 27 ocurrieron 20 accidentes, en los que perdieron la vida 20 personas, 16 resultaron gravemente heridas y 4 leves. El domingo fue el día más trágico en cuanto a la siniestrabilidad en las carreteras, murieron 36 personas, 27 resultaron gravemente heridas y 5 leves, en 28 accidentes. Según Tráfico, las causas más comunes de los siniestros son las habituales: distracción de los conductores y velocidad inadecuada. Entre los accidentes más trágicos del fin de semana se cuenta una colisión de dos turismos que provocó la muerte de los dos conductores y una acompañante, además de las heridas de gravedad de otros tres viajeros. El accidente se produjo a las 7.30 de la mañana del sábado en la carretera nacional 620, en el término de Estépar (Burgos). Otro de los siniestros más graves se produjo por otro choque entre dos turismos. Tres personas resultaron muertas y dos gravemente heridas en el accidente ocurrido durante la madrugada del domingo en la carretera N–2 en el término municipal de Castellón de Seana (Lérida).

La Dirección General de Tráfico tomará medidas específicas para regular el tráfico los días 30 y 31 de agosto y 1 de septiembre, con motivo de la "Operación Retorno" de las vacaciones. Esta Dirección espera que se produzca un tránsito de seis millones de vehículos por las carreteras españolas de forma escalonada.

Los siniestros en las carreteras durante el mes de julio del presente año ascendieron a 423, con el trágico balance de 517 muertos, 313 heridos graves y 265 leves; lo que supone un descenso de 41 muertos y 59 heridos graves con respecto a julio de 1987. En el mes de agosto, hasta el día 25, murieron 509 personas, 387 resultaron graves y 275 con heridas leves a consecuencia de los 385 accidentes. Desde principio de año y hasta el 25 de agosto se produjeron 272.

B En autobús

E20

You are staying with your family just outside Madrid. One day you decide to spend the day in the capital but you do not want to take the car. What is said to be the advantage of going by bus?

EN BUS VES POR DONDE VAS

MIRA LO QUE VES ¡VIVA EL BUS!

E21

For a single journey, you can buy a ticket like the one shown here.

1 What must you make sure you do with the ticket?

2 If this were a return ticket, under what conditions could it be used?

CONSERVENSE A DISPOSICION DE LOS EMPLEADOS QUE LO SOLICITEN. LOS BILLETES DE I/V VALEDEROS EN LA EL REGRESO SOLO EN LA LINEA Y FECHA IMPRESAS

VIAJE	E.M.T. MADRID 5848	30	IMPORTE
09	LINEA	FECHA	0
NO	005	28986	PESETAS

IMPORTE 300 PTS. M.T.

I 986499

EMPRESA MUNICIPAL DE TRANSPORTES DE MADRID, S. A.

DIEZ VIAJES EN AUTOBUS

2820 06705

Instrucciones al dorso

INSTRUCCIONES

* Esta tarjeta se utilizará únicamente en las líneas normales de autobuses. Será válida como título de transporte hasta el próximo cambio de tarifas.

* Por favor, no doble Vd. la tarjeta.

* En caso de cualquier anomalía, presente la tarjeta al cobrador del autobús.

* La tarjeta será presentada a cualquier empleado de la empresa que lo solicite.

BONO BUENO EL **BONO BUS**

* **rapidez**
* **comodidad**
* **economía**

E22

Bono Bus tickets are much better value!

1 Which of the following statements are true?

  a) The ticket costs 705 pesetas.

  b) It is valid for ten journeys.

  c) It can be used on the tube as well.

  d) The ticket must not be folded.

  e) If fares go up, the ticket will still be valid.

2 Name three advantages of purchasing a Bono Bus ticket.

E23

Lucky you! On some Bono Bus tickets there are special offers.
1 Next time you order a baked potato, will you get it free or will you get 100 pesetas off the price?
2 Copy this box and tick which of the following fillings are on offer.

Filling	
Chili and cheese	
Bacon and tomato	
Bacon and cheese	
Baked beans	
Broccoli and cheese	

E24

Looking through the bus guide, you realise that your friend, who is arriving in Madrid by plane, can take a bus from the airport. What are the four advantages of this service?

LINEA AEROPUERTO

- TODAS LAS PLAZAS SENTADAS
- AMPLIAS BODEGAS PARA EQUIPAJES
- LA DURACION APROXIMADA DEL RECORRIDO ES DE 30 MINUTOS
- SERVICIO DE TAXIS Y CONSIGNA EN LA TERMINAL

E25

You go on summer holiday to Arenal, Majorca. One Saturday you go to spend the evening in the Plaza España in Palma.
1 How frequent are the buses which return to your hotel?
2 When does the last bus depart?

C En autocar

AHORA **8** SERVICIOS DIARIOS
(DESDE EL 18 DE AGOSTO)
POR AUTOPISTA

via carsa

4, BARCELONA-BILBAO
4, BILBAO-BARCELONA

SALIDAS SIMULTANEAS DE BARCELONA Y BILBAO

7.30 - 10 - 15.30 y 23

DURACION DEL VIAJE: 6,45 h.

EL SERVICIO MAS RAPIDO EN TRANSPORTE DE PAQUETERIA
EN CADA SERVICIO

Autopullmans de alto standing, dotados de: aire acondicionado, bu-
tacas reclinables y separables, dos pantallas de vídeo, w.c., frigorífi-
co, música ambiental
Desde Bilbao, enlaces diarios con SANTANDER, ASTURIAS, GALI-
CIA y SAN SEBASTIAN. Desde Barcelona, enlaces diarios con
"TRASMEDITERRANEA" (BALEARES) y COSTA BRAVA
En Barcelona: **VIACAR, S. A.,** c. Tarragona, 169 (esquina Mallorca).
Tels. 423-66-31 y 424-46-52. – En Bilbao: **ANSA,** c. Autonomía, 17. Tel.
432-32-00 – (VENTA ANTICIPADA DE BILLETES)

E26

You are staying with a family in Barcelona. One of their cousins, who lives in Bilbao, is coming to visit them. Instead of driving, he is going to come by coach. You all check the details of the service before finalising the arrangements.

1 Will the cousin be able to return to Bilbao by the same route?
2 Does the coach travel on the motorway?
3 Are the departures from Barcelona later than those from Bilbao?
4 If he plans to arrive mid-afternoon, which coach should he take?
5 At what time will he arrive if he travels overnight?
6 Name four things that the coaches are equipped with.
7 What are the possibilities for travelling to Santander from Bilbao?
8 What facilities exist for ticket purchase?

P

Para los largos recorridos, ¿prefieres viajar en autocar o en coche? ¿Por qué? Habla sobre las ventajas de cada uno con tu compañero(-a).

D   En barco

E27

While on holiday in Tenerife, you wish to take a day excursion to the island of Gomera. Your parents ask you to explain this special notice to them.

1 Why has there been an alteration to the services on Sunday 19 April?
2 If you leave Los Cristianos, in Tenerife, at 10 a.m. to spend the day on Gomera, what is the latest boat you can take back?

FERRY GOMERA
AVISO IMPORTANTE

Con motivo de las próximas fiestas de Semana Santa la Compañía tiene previsto realizar **dos viajes extraordinarios** el **Domingo, día 19 de Abril**.

Por tanto, el horario para ese día queda establecido de la siguiente manera:

Salidas San Sebastián-Los Cristianos: 8.00 horas
                                          13.00 »
                                          18.00 »
Salidas Los Cristianos-San Sebastián: 10.00 horas
                                          15.00 »
                                          20.00 »

Santa Cruz de Tenerife, 8 de abril.
LA DIRECCION

E28

Here are the details of another island-hopping offer.

MALLORCA - IBIZA
IBIZA - MALLORCA
120 minutos

MALLORCA E IBIZA, MÁS UNIDAS QUE NUNCA

Con **HIDROJET**, entre Mallorca e Ibiza prácticamente no hay distancia. Porque sólo tarda 120 minutos en ir de una isla a la otra. Porque le acerca a la diversidad cosmopolita de Mallorca y sus grandes centros comerciales, del mismo modo que le lleva a Ibiza para que descubra personalmente su artesanía, comercio, calas y fascinantes noches.

Anímese, el próximo HIDROJET está a punto de despegar.

TARIFAS

Mayo, Junio y Septiembre
3.550, pts. por trayecto
3.195, pts. por trayecto *(residentes)*
6.390, pts. Ida y vuelta
5.680, pts. Ida y vuelta *(residentes)*

Julio y Agosto
3.750, pts. por trayecto
3.375, pts. por trayecto *(residentes)*
6.750, pts. Ida y vuelta
6.000, pts. Ida y vuelta *(residentes)*

HORARIOS

Salidas de Palma
(01/05 al 15/6 y 16/09 al 30/09/1988)
Diario a las 09.00 h.
(16/06 al 15/09/1988)
Diario a las 09.00 y 16.00 h.

Salidas de Ibiza
(01/05 al 15/06 y 16/09 al 30/09/1988)
Diario a las 19.00 h.
(16/06 al 15/09/1988)
Diario a las 12.00 y 19.00 h.

1 What are the attractions of Ibiza according to the offer?
2 How much dearer is it to do a return journey in August than in June?
3 What is the maximum number of hours you can spend on the island of Ibiza in August if you wish to return the same day?

E29

On holiday on the Costa Brava, you see this advertisement for boat trips.

1 What can you learn about the Costa Brava by going on a boat trip?
2 What are the attractions of the barbecue trips?
3 When precisely can you go on the barbecue trips from Ampuriabrava?

Excursiones Marítimas Ampuriabrava

DESCUBRA LA INCOMPARABLE COSTA BRAVA POR EL MAR PARA CONOCER, ADMIRAR Y CONOCER DE CERCA SUS MARAVILLOSOS PAISAJES, PLAYAS Y ACANTILADOS

Haga una excursión marítima en nuestros barcos a:
Estartit • L'Escala • La Foradada • Islas Medas • Cadaqués • Piratafar
Noche de Ronda • Rosas • Santa Margarita • Y canales de Ampuriabrava

SALIDA LOS MIERCOLES Y VIERNES

Barbacoa

Excursión especial visitando la Bahía de Rosas y canales de Ampuriabrava con desembarco en un típico lugar para la «GRAN BARBACOA»

MENUS
TODO INCLUIDO
Ensalada a la noche, parrillada de carne a la catalana, helado sangría y gran cremat.
Con espectáculo flamenco.

Salida de Ampuriabrava............ 19,30 h.   Precio por persona................ 1.400 pts.
Salida de Santa Margarita......... 20,00 h.   Precio niños........................... 700 pts.

E30

Your Spanish penfriend's family is coming in April to visit you in England. They are travelling by ferry and send this leaflet to your parents. Help them understand the information.

1 How much will the journey cost two adults without a car, to book a single journey, travelling in a double cabin with wash basin, in April?
2 When does the boat leave Santander in May?

TARIFAS **SANTANDER-PLYMOUTH-SANTANDER - 1988 (en pesetas)**

Todo el año	Conductores Pasajeros en coche Pasajeros en moto	Pasajeros a pie Pasajeros en bici
Adultos	11.400	12.400
Niños (4-13 años)	5.800	6.200

ACOMODACION

	17 Enero / 17 Julio 16 Septiembre / 15 Diciembre	18 Julio / 15 Septiembre
Suite	13.000	16.200
Cabina doble ducha y Wc.	6.800	10.000
Cabina doble lavabo	5.200	6.000
Litera en cabina cuádruple ducha y Wc.	2.400	3.000
Litera en cabina cuádruple lavabo	1.800	2.200
Litera en cabina cuádruple	1.600	1.800

VEHICULOS

	E	D	C
Coches hasta 4 m.	10.000	16.000	22.000
Coches hasta 4,50 m.	12.000	18.000	25.000
Coches hasta 5,50 m.	14.000	20.000	29.000
Coche más caravana máx. 11,7 m	19.800	29.800	39.800
Coche más remolque máx. 9,5 m	16.400	25.800	35.600
Suplemento por altura (si mide más de 1,82 m)	4.000	4.000	4.000
Motos	3.600	5.200	7.000
Bicicletas	Gratis	1.200	1.600
TARIFAS ESPECIALES 8 DIAS IDA/VUELTA (mínimo 2 adultos)			
Coches (cualquier medida)	12.000	23.400	39.800
Coche más caravana máx. 11,7 m	28.400	47.800	73.000
Coche más remolque máx. 9,5 m	20.800	39.000	61.000

PROMOCION ESPECIAL
– En Salidas E, el transporte del coche resulta gratis si viajan 3 adultos. En esta Promoción Especial 2 niños equivalen a un adulto.
– En Salidas D, un pasajero adicional viaja gratis si con el coche viajan 3 adultos.

SALIDAS SANTANDER - PLYMOUTH

E	18 Enero / 23 Junio
D	28 Junio / 4 Agosto
C	9 Agosto / 1 Septiembre
D	6 Septiembre / 6 Octubre
E	10 Octubre / 15 Diciembre

Del 18-1 al 9-5, lunes y jueves, a las 18,30 b.
Del 12-5 al 13-9, martes, 11,00 y jueves, a las 14,00 h.
Del 15-9 al 15-12, lunes y jueves, a las 18,30 h.

SALIDAS PLYMOUTH - SANTANDER

E	17 Enero / 18 Mayo
D	23 Mayo / 6 Julio
C	11 Julio / 17 Agosto
D	22 Agosto / 28 Septiembre
E	2 Octubre / 14 Diciembre

Del 17-1 al 11-5, domingos y miércoles, a las 10,00 h.
Del 16-5 al 14-9, lunes, 8,00 y miércoles, a las 11,30 h.
Del 18-9 al 14-12, domingos y miércoles, a las 10,00 h.

E En avión

E31

If you were unfortunate enough to land in Spain and to find that your luggage had gone astray, which counter would you go to, **A** or **B**?

A

Reclamación equipajes

B

Recogida equipajes Canarias y extranjero

BIENVENIDO A
IBERIA
BARCELONA

257

C

E32

When you go to buy a flight ticket at the busy Iberia desk at Barcelona airport, you take a numbered ticket and wait your turn. At least they are polite! What does the numbered ticket say?

P

¿Has viajado alguna vez en avión? ¿Adónde has ido? Si tu respuesta es no, ¿te gustaría viajar en avión? ¿Por qué(no)?

IBERIA

TARJETA DE EMBARQUE

✱

Y

		INFORMACION AL PASAJERO		Acceso a bordo	Su asiento
Vuelo	Destin	Hora Límite	Puerta		
IB 342	LHR	16.50	102		14J

ROUVE/SMRS

MAD/26OCT   M 103

Conserve esta tarjeta hasta su destino ➝ ✱

ib-2857

E33

This person is on her way back to London Heathrow. See what you can find out. Which of the following statements are true?

1 It is a British Airways flight.
2 The final check-in time is 4.50 p.m.
3 The person has asked you for a seat in the smoking section.
4 Once on board the plane, you no longer need this boarding pass.

E34

Your Spanish friend Juana is planning to come to England and spend Christmas with you. She finishes school on 21 December and has seen this advertisement.

1 Can she get one of the special flights?
2 How much is the cheapest return ticket?
3 An English friend working in Spain wants a return ticket home for Christmas. He plans to travel on a Thursday. How much will it cost?

E35

Something went wrong here, though the agency tried hard to put things right! See if you can work out the details concerning the booking, the problem that has arisen and what Puri has been asked to do.

AIREJET, S. L., PLAZA DE ORIENTE 16A, 03180 TORREVIEJA (ALICANTE)
G.A.T. 1.337   TELEFS. (96) 571 63 51 / 571 62 12   -   TELEX: 63655 AJET E

AEDAVE   FECHA: 20-08-88

№ 000864 **T**

NOMBRES: ROUVE   M2S S.

CONTACTO: ATENCION PURI DE LONDONOW
BONO A FAVOR DE VIAJAR A HORA
TELEFONO:

NUMEROS VUELOS	Clase	FECHAS	CIUDADES DE	CIUDADES A	NUM. PAX	HORARIOS SAL.	HORARIOS LLEG.	SIT.
1 KT 503		20 AUG	ALC	LGW	1	20⁴⁵	22³⁰	04
2								

PURI ESTA Sra tiene el billete reservado para mañana pero tiene que salir en el KT 503 que sale hoy. Por favor cámbialo si puedes gracias

E36

Here is an advertisement extolling the virtues of flying. What are the advantages mentioned?

SOLO EL VIDEO ES MAS RAPIDO.

La forma más rápida de contemplar otros lugares, playas, campos, gente divirtiéndose... es el vídeo.
Pero ¿por qué conformarse con ver paisajes si puede estar en ellos?

Volando, puede ir de un lado a otro de España en pocos minutos. Sin perder su tiempo en largos y agotadores viajes.
Además, en avión se evita atascos, caravanas, averías, comidas, meriendas y cenas.

Y llega tan fresco.
Si no le basta con ver cómo se divierten otros, vaya volando y hágalo usted.
Con Iberia.

IBERIA
LINEAS AEREAS DE ESPAÑA

Compañías charter amenazan con querellarse contra el Estado a causa de los retrasos aéreos

El conflicto de los controladores de Barcelona agrava la situación en el aeropuerto de Palma

Palma. (Redacción) — Acusaciones directas de desinterés y discriminación a los controladores aéreos de Barcelona, búsquedas de alternativas de navegación a través de otros centros de seguimiento, y cierta "picaresca aeronautica" para dar salida a los vuelos, eran las notas destacadas de ayer en el ya crónico conflicto de los retrasos aéreos del aeropuerto de Palma de Mallorca. Algunas compañías "charter" han amenazado con querellarse contra el Estado por el incumplimiento de unos servicios por los que habrán pagado, al final de la temporada, casi 2.500 millones de pesetas.

El fin de semana último, a pesar de los negros presagios que informativamente se hicieron desde Palma, ha transcurrido en un clima de normalidad en relación al anterior, lo cual supone que el promedio de retrasos se situó en las dos horas por vuelo, para un total de 1.052 operaciones de aterrizaje y despegue, y un transporte total de 155.000 pasajeros.

Los retrasos, a tenor de lo que ayer manifestaban los responsables de compañías "charter" y del control de Son Bonet, entre otros, encuentran su explicación en la actitud de los controladores de Barcelona, "poco proclive a entender los problemas de Palma".

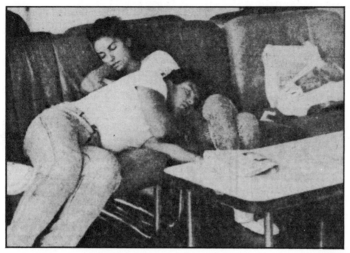

Todos apuntan a Barcelona

Así, fuentes responsables de la "charter" hispano–británica Air Europa afirmaban que el problema que se da en Barcelona es el de una restricción sistemática del tráfico hacia Mallorca cuando el control sufre de "atosigamiento" por aumento del número de vuelos y que tal desigualdad en el trato puede detectarse en el diferente tiempo de los "slots" (previsiones de operación de vuelo). Mientras que es frecuente, según esta compañía, que los "slots" para vuelos hacia o desde Valencia o Alicante sean de 5 horas (lo cual permite una programación de mayor seguridad), los adjudicados a Palma no pasan de las dos.

E37

Sometimes, it is not such a good idea to fly. Charter companies have certainly had their problems! Your penfriend, remembering how late your plane was, sends you this article.

1 Where have the problems been occurring?
2 Who is being blamed?
3 What are the charter companies threatening?
4 Compared to the previous one, what was last weekend like?
5 What does Air Europe claim is happening to Mallorca-bound planes?
6 What comparison is being made with flights to Alicante?

E38

Finally, this article shows the scale of the problem of air traffic delays.

1 Did delays in June 1988 grow more frequent or less frequent than in June 1986?
2 Which suffer most: scheduled flights or charter flights?

Debida a la situación de congestión de tráfico aéreo en el cielo del continente

En tres años, la impuntualidad del transporte regular europeo se ha triplicado

L.H.

La impuntualidad de los vuelos de las compañías aéreas europeas de carácter regular, debida a la congestión del tráfico aéreo en el cielo del continente, ha aumentado de forma considerable en el primer trimestre del año hasta el punto de que se ha triplicado con respecto a los tres últimos años. A pesar de que el pasajero de vuelos regulares no sufre retrasos de la magnitud que soporta el usuario de vuelo charter, la situación parece agravarse por momentos.

Los considerables retrasos que han venido sufriendo los vuelos regulares de las compañías pertenecientes a la Asociación Europea de Líneas Aéreas (AEA) en los últimos meses preocupa al secretario general de dicho organismo, Karl-Heinz Neumeister, quien considera apremiante que se incrementen las inversiones en las instalaciones de Control de Tráfico Aéreo (ATC).

La Asociación Europea de Líneas Aéreas (AEA) acaba de publicar -según ha informado la compañía Iberia, miembro de dicho organismo- las estadísticas referentes al primer semestre del año 1988, las cuales ponen de manifiesto cómo el número de retrasos a causa de la congestión en el espacio aéreo fue, en junio del presente año, el triple de 1986.

Salidas de vuelos europeos con retrasos superiores a 15 minutos

F   En metro

E39

There is an underground rail system in Madrid, Valencia and in Barcelona. It is very convenient, quick and a cheap way to travel.

1 Which ticket (**A** or **B**) is for a return journey?
2 What are you told to do on both tickets?
3 What further instructions are you given on **B**?

METRO
0472
SENCILLO

UTILIZACION
SEGUN TARIFAS

CONSERVESE
HASTA LA SALIDA

0 6 9 9 9

A

METRO

IDA Y VUELTA

UTILIZACION
SEGUN TARIFAS

CONSERVESE
HASTA LA SALIDA

NO DOBLAR
ESTE
BILLETE

IMP

095456

B

E40

Every city wants you to visit the sights.

Here is some information about how you can see the sights in Madrid with Metrotour!

Qué es Metrotour

Si usted ha venido a conocer y disfrutar de nuestra ciudad, hágalo ahora, Metro a Metro, con Metrotour, la tarjeta turística del Metro de Madrid.

La tarjeta Metrotour le permite viajar en Metro durante 3 ó 5 días consecutivos, por sólo 575 ptas. y 850 ptas. respectivamente. Y realizar en ese período todos los trayectos que quiera o necesite en sus desplazamientos.

La tarjeta Metrotour lleva la firma del usuario titular, estando autorizados los empleados del Metro a solicitar su identificación mediante pasaporte o D.N.I. si es necesario. Y se puede adquirir en cualquiera de las taquillas existentes en las estaciones del Metro de Madrid.

Con Metrotour usted sólo obtiene ventajas. Ahorra dinero en sus desplazamientos. Y aprovecha mejor su tiempo conociendo todo lo que Madrid puede ofrecerle.

Pida la tarjeta Metrotour y... ¡feliz estancia en Madrid, Metro a Metro!

¡Bienvenido a Madrid con Metrotour!

¡Descubra Madrid...!

Descubrir Madrid cada día es algo nuevo y diferente. Desde el Madrid de los Austrias, recio y elegante, hasta el Madrid moderno lleno de bullicio y ambiente, Madrid es una ciudad viva y atrayente que gusta a todos los que la visitan.

Para conocer y disfrutar mejor de todos los rincones de esta gran ciudad, utilice la tarjeta Metrotour y siga las rutas que este Madrid, Metro a Metro, le ofrece.

Siempre hay un Metro cerca de usted para llevarle. Mire las líneas y sus estaciones y elija lo que más le interese de Madrid..., en Metro.

1 How much will a five-day ticket cost?
2 What will it allow you to do?
3 Where can you buy one?
4 What are the different ways in which Madrid is described?

G   En tren

E41

It is important to understand timetables.

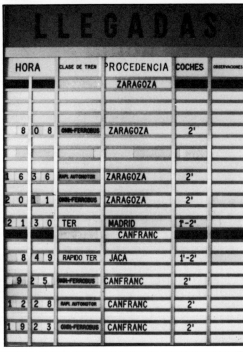

1 You go to the railway station to meet a friend who has caught the fast train from Jaca. When is the train due?
2 You also make a note of the departure time of the fast train to Madrid. What is it?

E42

1 Which ticket (**A** or **B**) is for a one-way journey?
2 Which journey is the shorter?
3 Which trip is the most recent?
4 Is either ticket for a first class journey?

A

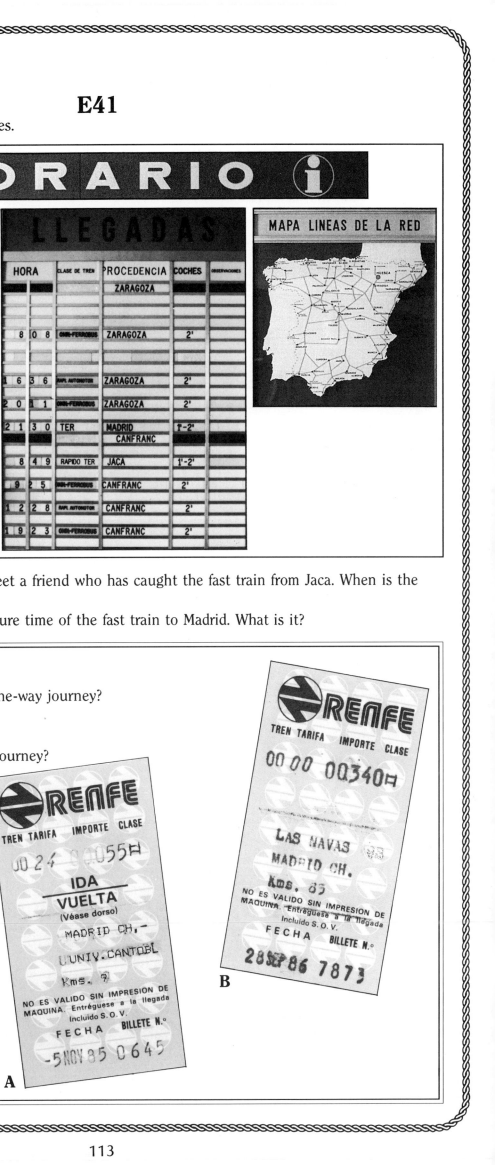

B

Here are details of two special excursions by train. See if you can work out what is happening.

E43

1 What is the purpose of the trip?
2 On which day of the week does the event take place?
3 Which is the first day of operation?
4 How much does a return journey cost?

5 Name two of the places where you can get the tickets?
6 What time does the train leave Salamanca in the morning and get back in the evening?

RENFE INFORMA

TREN ESPECIAL AL MERCADO DE VILAR FORMOSO

DIA 2 DE JUNIO   PRIMER DIA DE CIRCULACION

El primer sábado de cada mes circulará tren especial con destino al mercado de Vilar Formoso.

El precio del billete ida y vuelta es de 490 ptas

El tren que circulará será con plazas limitadas

Los billetes se podrán sacar con antelación en la propia Estación o en la Oficina de Viajes de RENFE (Plaza de la Libertad). A partir del día 14/5/90.

HORARIO

S.	7,45	Salamanca	Ll.	20,02
Ll.	9,51	F.Oñoro	Ll.	17,18
Ll.	10,05	Vilar Formoso	S.	17,15

Los horarios estan reflejados en horas Españolas

 RENFE

E44

List which of the following statements are true.

1 You have to book in advance.
2 The excursion takes place on a normal Renfe train.
3 The excursion only runs on certain weekends.

4 The price includes entrance fees to a museum.
5 The excursion takes place throughout the summer.
6 This excursion is a new event.

MADRID-ARANJUEZ-MADRID

EL TREN DE LA FRESA VUELVE A PITAR.

Comunidad de Madrid
Consejería de Trabajo, Industria y Comercio.
Dirección Gral. de Turismo

El éxito del Tren de la Fresa nos ha obligado a ponerlo de nuevo en marcha. Para que Vd. pueda disfrutar del dorado Otoño de Aranjuez y viajar en un Tren de época, atendido por azafatas que le obsequiarán con productos típicos de Aranjuez.

☆ **SALIDAS:** Todos los sábados, domingos y festivos, desde el 8 de septiembre al 21 de octubre, desde la Estación de las Delicias, sede del Museo Nacional Ferroviario.

☆ **PRECIO:** 975 ptas. ida y vuelta, incluyendo las visitas al Palacio y a la Casa del Labrador, así como al Museo Nacional Ferroviario antes de la salida.

☆ **HORARIO:**

10,00 h. ↓	MADRID	↑	20,05 h.
11,05 h. ↓	ARANJUEZ	↑	18,50 h.

Información y venta en Agencias de Viajes y puntos de venta habituales de RENFE.

AYUNTAMIENTO DE ARANJUEZ

HAGA SU RESERVA CON ANTELACION. LAS PLAZAS SON LIMITADAS.

 RENFE

TARJETA FAMILIAR.
COMO VIAJAR TODOS JUNTOS POR MENOS.

Si quiere viajar con los suyos, hágalo adquiriendo la Tarjeta Familiar de Renfe. Con ella podrá viajar con todos por menos de la mitad, en algunos casos.

Fíjese. El titular paga el billete entero. Su cónyuge o los adultos el 50% menos. Los niños de 4 a 12 años sólo pagan el 25%. Los menores de 4, ni eso. Van gratis.

Así, usted puede viajar cómodamente con los suyos. Sin atascos, nervios o paradas de más. En cualquiera de los muchísimos días azules del año. En recorridos superiores a 100 kms. y en todo tipo de trenes y clases. Siempre que su familia sea de tres o más personas.

La Tarjeta que da acceso a todos estos descuentos, la puede adquirir por 105 Ptas. en cualquiera de las taquillas de Renfe, o en Agencias de Viajes. Para ello sólo es necesario la presentación del Libro de Familia u otro documento que acredite la convivencia en común. Esta Tarjeta Familiar será válida durante un año.

Cuando viaje beneficiándose de sus descuentos, no olvide llevarla consigo, puede ser reclamada por algún empleado.

Además de todo, puede llevar su coche en Auto-Expreso con usted. Y lo puede llevar incluso gratis.

Si viajan todos juntos, viajen por menos. En los días azules. Viaje más, por menos.

BILLETES IDA Y VUELTA. (B)
COMO IR Y VOLVER POR EL 20% MENOS.

Si usted es de los que va de aquí para allá, Renfe dispone de la tarifa especial ida y vuelta, para que viaje con el 20% de descuento.

En cualquiera de los muchos días azules del año. En todo tipo de trenes y clases, siempre que su viaje sea superior a 200 Kms. usted puede contar con este descuento. La vuelta, dejándola en fecha abierta, la podrá realizar hasta dos meses después de la ida.

Si su viaje es de cercanías o inferior a los 200 Kms. usted puede beneficiarse de un descuento del 25%, durante todos los días del año, excepto sábados y festivos. En Unidades Eléctricas, Ferrobuses o Automotores, y realizando la vuelta en la misma fecha que la ida.

Si va y vuelve a menudo en largo recorrido, viaje en días azules. Viajará más por el 20% menos.

Si además viaja con Chequetrén, consigue otro 15% de descuento.

E45

Here are details of special reductions for certain groups of travellers. Which of these (A–F) is intended to appeal to:

1 students
2 senior citizens
3 businessmen and their wives
4 motor-rail holiday makers?

AUTO-EXPRESO. (C)
COMO LLEVAR EL COCHE GRATIS EN TREN.

Si usted quiere disponer del coche en su punto de destino, Auto-Expreso se lo puede llevar hasta gratis.

Durante los muchos días azules del año, en cualquier recorrido que disponga de este servicio, usted cuenta con una amplia gama de descuentos.

Fíjese. El 20% de descuento cuando se han adquirido 1 ó 2 billetes individuales. Si los billetes son tres, el 40%. Si 4, el 60%. Con cinco billetes o más, sólo paga el 20%.

En trayectos de ida y vuelta, aún es mayor el descuento. Con uno o dos billetes, el 60% menos. Con tres paga el 25%, y con cuatro o más, ni eso. El coche va gratis.

Si quiere salir del tren en coche, hágalo gratis en los días azules. Con Auto-Expreso.

TARJETA JOVEN. (D)
COMO VIAJAR POR LA MITAD HASTA LOS 26.

Si quieres viajar, ahora puedes hacerlo por el 50% menos.

En días azules, la Tarjeta Joven de Renfe te lleva por todo el país a mitad de precio.

En recorridos de 100 km. como mínimo, o 200 kms. en viajes de ida y vuelta.

Además, Renfe te regala con tu Tarjeta Joven un recorrido en Litera. Esta Litera es totalmente gratis, y es utilizable conjuntamente con tu billete del 50% menos.

La Tarjeta joven la puedes adquirir por 2.500 Ptas. en cualquiera de las taquillas Renfe, y es válida del 1 de Mayo al 31 de Diciembre. Sólo tienes que presentar tu D.N.I. o algún otro documento oficial, que acredite tu edad.

Si tienes más de 12 años y aún no has cumplido los 26, todos los viajes que realices en días azules se te quedan en la mitad. Disfruta el doble, por menos.

TARJETA DORADA.
COMO VIAJAR DESPUES DE LOS 60 POR MENOS.

Ahora que por fin tiene tiempo para disfrutar, con la Tarjeta Dorada de Renfe lo puede hacer por la mitad.

Si es usted mujer de más de 60 años u hombre de más de 65, ahora puede beneficiarse con el 50% de descuento en todos sus viajes.

Para recorridos de más de 100 kms. o de 200 kms. en los viajes de ida y vuelta. Renfe pone a su disposición multitud de días azules para que usted viaje en cualquier tipo de tren y clase.

Si por el contrario su viaje es inferior a los 100 kms., éste lo puede realizar en cualquier de los 365 días del año, en trenes de cercanías. Siempre a mitad de precio. Y fuera de horas puntas.

Si quiere viajar cómodamente, sin apreturas, atascos u otras historias: viaje en tren.

Ya sabe, después de los 60, el 50% menos.

Adquiera en cualquiera de las taquillas de Renfe y por sólo 105 pesetas, la Tarjeta Dorada. Y benefíciese de los días azules. Y de los otros. Por menos.

TARIFA ESPECIAL PAREJAS. (F)
COMO VIAJAR EN COCHE CAMA ACOMPAÑANDO A SU PAREJA POR ALGO MAS DE MIL PESETAS.

Los que viajan de noche en tren, ganan el día y convierten los negocios en placer, llevando a su pareja.

En todos los días azules del año, viaje en coche cama, con su pareja. Por todo el Territorio Nacional. Con un billete entero y poco más de 1.000 pesetas.

Cómodamente, sin atascos, nervios o paradas de más. En Tren.

Utilice la Tarifa Viaje con su cónyuge en coche cama, y comprobará que para los negocios no hay nada como viajar dormido para llegar despierto. En compañía.

Por poco más de 1.000 pesetas no viaje solo.

Si además lo hace con Chequetrén, conseguirá otro 15% de descuento.

Chapter 10
Alojamiento y vacaciones

¡Vivan las vacaciones en España, sean en hoteles, campings, albergues o viviendo con una familia! España es el país festivo por excelencia. ¡Aquí está tu guía!

A   Hoteles

HOTEL LLOYD   Avda. de Montemar, n⁰. 74   **TORREMOLINOS**   Telf: 38 64 11

SITUACION : En la zona de Montemar, zona residencial en la salida de Torremolinos dirección Crta. de Cadiz. Dista 200 metros de la playa de la Carihuela y 300 metros del centro del pueblo.

EDIFICIO : Consta de dos edificios; uno de cinco plantas de muy reciente construcción y otro de dos plantas, tipico andaluz.

HABITACIONES : Dobles y triples, con posibilidad de camas supletorias . Todas ellas con cuarto de baño privado.

INSTALACIONES COMPLEMENTARIAS : Bar, salón social con T.V. y piscina.

EXCURSIONES : Tivoli, Nerja, Ronda, Granada, Ceuta, Gibraltar. Para esta última, necesario pasaporte en vigor.

NIÑOS : Entre dos y nueve años tienen un descuento del 50⁰/o .

Precio por persona en Pensión completa en turnos de 15 días (14 Pensiones Completas) Excepto Septiembre y Octubre, que son 14 días (13 Pensiones Completas)								
1 - 15 Junio	16 - 30 Junio	1 - 15 Julio	16 -30 Julio	1 -15 Agosto	16 - 30 Agosto	1 - 14 Sept.	14 - 27/ Sept.	27 Sept. 10 Octb.
17.000	19.100	23.300	26.800	31.840	26.800	21.200	18.600	16.000

E1
Your family is keen to go to Spain on holiday and you look through some leaflets from the Spanish tourist office.
Here are details of a possible hotel on the Costa del Sol.
1   How far is the hotel from the beach?
2   You are a family of four. Would one bedroom be enough?
3   What facilities does this hotel offer?
4   You have to go in August. Your parents prefer the second fortnight. How much will it be for you, your parents and your seven-year-old brother?
5   Does the price include all meals?

P

a   ¿Por qué te interesaría este hotel? Discute con tu compañero(-a).
b   ¿Dónde te gusta pasar las vacaciones? ¿Por qué?

E2

You have written to a hotel enquiring of availability in July and have received this reply. What accommodation has the hotel reserved for you? What must you do now?

HOTEL RESIDENCIA
"Murillo"
LOPE DE RUEDA, 7 y 9
(BARRIO STA. CRUZ)
SEVILLA

Teléf. 21-60-95   Telgs. MURILLOTEL

HR

PARA: Sr. David Hill
Sres. 73 Albion Street
Castleton, Rochdale
Lancashire, Inglaterra

IMPRENTA BLANCO S. A. - ANDUJAR

Sr/Sres. :   (personas)   Sevilla __18-5-89__

Ref. Su escrito   fecha 10-5-89
N/   fecha

Muy Sr.(s) nuestro(s)

De acuerdo con su citada, tenemos el gusto de:

RESERVAR   FECHAS

Una habitación doble con baño privado   por los dias 20,21,22,23 y 24 Julio -
                                            - 1989

ANULAR

         Precio por día solo alojamiento 3650 Ptas.

ADJUNTAR

OBSERVACIONES Como confirmación agradeceríamos el envío de un depósito por importe de 5000 Pesetas.-

Aprovechamos la ocasión, para saludarle(s) muy atentamente.

HOTEL MURILLO
Lope   9
SEVILLA, Spain

E3

If you had been to a late night disco at the hotel, which sign (**A** or **B**) might you leave on your hotel door for the cleaner the next morning?

A

NO MOLESTEN

B

Por favor, arregle la habitación de inmediato

E4

In your room you might find a questionnaire to fill in like this one here, so you can give your opinion of services and standards in the hotel.

CADENA HOTELERA SOL

Agradeceremos nos indique si los servicios de nuestro hotel fueron, a su juicio: **(Señalando con una X el recuadro que Vd. estime oportuno dejando en blanco los dos siguientes del mismo Servicio).**

Servicio	lo que Ud. esperaba		Inferiores a lo que Ud. esperaba		mejor de lo que Ud. esperaba	
Piscina		101		201		301
Facilidades para niños		102		202		302
Entretenimientos		103		203		303
Ascensores		104		204		304
Calefacción/Aire acondicionado		105		205		305
Agua caliente		106		206		306
Lavandería		107		207		307
Recepción		108		208		308
Conserjería		109		209		309
Servicio de habitaciones		110		210		310
Servicio de restaurante		111		211		311
Comida		112		212		312
Teléfono		113		213		313
Picnic		114		214		314
Servicio de Bar		115		215		315
Servicio de Bar/Salón		116		216		316
Cominas para niños		117		217		317
Servicio de camareras		118		218		318
Limpieza		119		219		319
Servicio de equipajes		120		220		320

ROGAMOS DEPOSITE ESTE CUESTIONARIO EN RECEPCION, SI ES POSIBLE AL PRINCIPIO DE SU ESTANCIA.

Nombre: _____ Hotel: _____ Habitación n.º _____

¿Cómo escogió Ud. este hotel? (Si lo hizo a través de una agencia, rogamos indique su nombre).
_____

¿Tiene Ud. alguna sugerencia para una mejora de nuestro servicio? _____
_____
_____

1 Which box numbers will you tick if entertainment, food and cleanliness are above expectation?
2 What else are you asked about?

B Apartamentos

E5

If you do not want to go to a hotel, you could try renting an apartment. Here are some seaside holiday homes to let. Which number would you phone if you were interested in the following?

1 Renting a new chalet in September in Majorca
2 A flat near the beach in August on the north coast of Spain
3 A small flat for three with sports facilities
4 Renting a furnished place near the beach at Alicante

P

¿Cuáles de estas posibilidades elegirías tú? ¿Por qué?

E6

No doubt if you hired a flat, you would receive a note like this one from the owner. Explain the details.

> He recibido la cantidad de 33.000 pts. de Don Dámaso López en concepto de pago del disfrute del piso sito en la c/ Jimenez Díaz nº 11 de Santander desde el 30 de Julio al 13 de Agosto de 1.987.
>
>

E7

This complex of apartments looks especially attractive. Which of the following facilities does the complex have?

1 Indoor swimming pool
2 Mini-golf
3 Separate children's pool
4 Satellite TV
5 Games room
6 Supermarket on site
7 Discotheque
8 Gardens

C Campings

E8

Your friend Joanna is thinking of going on a camping holiday in Spain. Which site(s) would you recommend if she wants a site with a swimming pool and sports facilities?

IDEAL PARA SUS VACACIONES

La Playa de Pals es un lugar ideal para la práctica de todos los deportes náuticos, así como la pesca, tanto marítima como fluvial en el río Ter.

PISCINA Y PISTAS TENIS

**17256 Playa de Pals
Tel. 972 - 63 67 31
COSTA BRAVA**

Camping Cala Montgó

L'ESCALA. COSTA BRAVA
Piscina y Bungalows
Teléfono: (972) 77 08 66

CAMPING · CARAVANING

50 mts. Playa, Discoteca y Todos los servicios. La Fosca-Palamós Costa Brava

T. 972/ 31 75 11

**JUNTO AL MAR
UN NUEVO CONCEPTO DE CAMPING**

CASTELL MAR

Platja de la Rubina - Badia de Roses
17486 CASTELLÓ D'EMPÚRIES (GIRONA)
Tel. 972 / 45 08 22 - 93 / 322 14 12

El mejor Camping de la Costa Brava
vean y comparen
Ctra. Palafrugell a Pals Km. 5
GERONA
T. 977/ 63 69 28

CAMPING EDEN

Capacidad 350 Plazas, Rest.-Bar con terraza, supermercado, prensa, 6 bloques sanitarios completos, agua caliente en duchas, serv. médico permanente, vigilante nocturno, piscina adultos y niños con socorrista, parque infantil.

**Ctra. CS 501 BENICARLO-PEÑISCOLA
km. 6 Tel. (964) 48 05 62 Peñiscola-Castellón**

E9

This also seems a good campsite. Which features make it attractive?

Camping MAS NOU
3 piscinas, 2 tenis minigolf. Mucha sombra. Supermercado-Rest. Alq. Bungalows
Ctra. Rosas frente Ampuria Brava
17486 Castelló Ampurias
T. 972 - 25 05 75

Situado en uno de los mejores parajes del litoral con frondosos bosques frente al mar y a 3 km. de la playa. Posee una impresionante piscina de 1.000 m^2 adornada con una gran fuente luminosa diseñada por el famoso Buhigas.

**Ctra. de L'Arboç 8, km. 25
VILLANOVA I LA GELTRU
T. 893 34 02**

P

¿Cuál sería tu lugar ideal para hacer camping? Descríbelo.

E11

When camping, certain rules have to be followed. Which of the following statements are true?

1 Charges are calculated from midday to midday.

2 Weekly accounts are presented on Sundays.

3 Cheques are accepted.

4 Woodfires are not allowed.

5 Noise after 11.30 p.m. is forbidden.

6 Clothes can be dried on tent ropes.

7 The management recommends:

   a) not to sunbathe on the first day

   b) not to walk along the cliffs alone

   c) not to go swimming

   d) not interfere with birds or their nests.

- Por favor, deposite los desperdicios en los recipientes dispuestos a tal fin.
- La facturación se cierra a las 12 del mediodía; a partir de esa hora se cargará un día más.
- Las estancias superiores a una semana se facturarán cada sábado.

NO ESTA PERMITIDO:

- Practicar actividades que atenten contra el silencio, de 11,30 de la noche a 8 de la mañana.
- Hacer fuego con leña.
- Portar armas y demás objetos que puedan causar accidentes a los acampados.
- Tender prendas de vestir en las cuerdas de las tiendas.
- Acotar más terreno que el necesario.

No se admiten talones bancarios.

RECOMENDAMOS

- No abuse al tomar el sol el primer día.
- Las playas son empinadas; tenga cuidado al bañarse.
- No ande solo por los acantilados. Cualquier sencillo incidente podría resultar comprometido en tales circunstancias.
- No se acerque-demasiado a las zonas donde rompe el oleaje.
- No moleste a las aves ni toque sus nidos (está prohibido bajo multa). Respete la fauna y la flora.
- Colabore con el personal de guardería del Parque, en el cuidado de la isla.
- No dude en consultarnos en cualquier ocasión. Estamos a su disposición.

Muchas gracias y feliz estancia
LA DIRECCION

CAMPING ISLAS CIES - Tel. 42 16 22 - VIGO

E10

Some of your friends have stayed at this campsite.

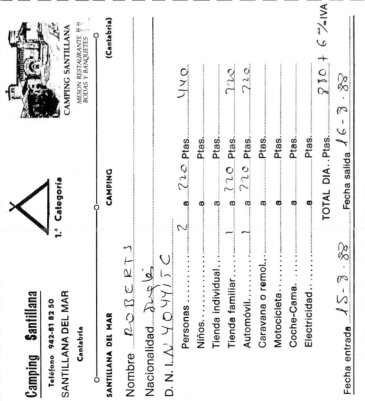

Camping Santillana

Teléfono 942-81 82 50

SANTILLANA DEL MAR
Cantabria

CAMPING SANTILLANA
MESON RESTAURANTE
BODAS Y BANQUETES

(Cantabria)

SANTILLANA DEL MAR **CAMPING**

Nombre ROBERT

Nacionalidad Inglé

D.N.I. A 404415 C

Personas.........	2 a 220 Ptas.	440
Niños...............	a Ptas.	
Tienda individual..	a Ptas.	
Tienda familiar....	1 a 220 Ptas.	220
Automóvil.........	1 a 220 Ptas.	220
Caravana o remol...	a Ptas.	
Motocicleta.......	a Ptas.	
Coche-Cama.......	a Ptas.	
Electricidad......	a Ptas.	

TOTAL DIA..Ptas. 880 + 6 %IVA

Fecha entrada 15-3-88 Fecha salida 16-3-88

CAMPING SANTILLANA 1.ª CATEGORIA

Por favor, coloque el número de placa, que se le ha entregado en Recepción, en lugar visible (tienda o caravana). Consérvelo para recoger su documentación.
Las duchas de agua caliente funcionan con fichas.
Horario de supermercado y recepción: 8,30 a 22 horas.
Horario de restaurante: 13,30 a 15,30 y 20,30 y 22,30 horas.
Horario piscinas: 11 a 20,30 horas.
Precio especial para campistas: Adultos, 100 Ptas. Niños, 50 Ptas.
Las entradas se sacan en las piscinas y sirven para todo el día.
La pista de Tenis cuesta 200 Ptas. por hora y persona.
Campo de Mini-Golf cuesta 200 Ptas. por hora y persona.

1 How many nights did they stay here?

2 What accommodation and transport did they have?

3 How much did they pay?

4 What other facilities could they have used at the site?

E12

This article mentions some sharp practices being carried out against campers.

1 What is being done illegally by certain camp sites? When? Why?
2 What does the law state concerning:
   a) charges
   b) space

DENUNCIA

La masificación del turismo y el consiguiente aumento de la demanda ha dado pie a más de un fraude en determinadas instalaciones y servicios para el turista. Desde estas mismas páginas se han denunciado las irregularidades cometidas por agencias de viajes que incumplen las condiciones pactadas con el cliente o por hoteles que ofrecen servicios deficientes. Ahora, le ha llegado el turno a los campings de la costa española.

En la Costa Dorada
ABUSOS CONTRA CAMPISTAS

La masiva presencia de turistas permite que algunos campings de la costa cometan abusos con su clientela

Debido a la gran demanda de plazas, desde la segunda quincena de julio y a lo largo del mes de agosto, determinados campings han llegado a impedir la entrada de aquellos clientes que pretendían permanecer durante una sola noche o un fin de semana. Este abuso se ha producido especialmente en establecimientos de la Costa Dorada (Tarragona), zona en la que la afluencia de campistas ha aumentado notablemente este año.

En algunos campings de la costa tarraconense se exige al turista una estancia mínima –normalmente cinco días– o el pago de la cantidad que corresponda a este periodo, aunque el cliente permanezca un solo día. A aquellos veraneantes que, sabedores de sus derechos, se niegan a aceptar tales condiciones no se les permite la entrada.

Este fenómeno se limita al punto álgido de la temporada alta –segunda quincena de julio y primera de agosto–, momento en el que los responsables de los campings saben que tienen el lleno asegurado. Ello les permite seleccionar a los clientes y escoger sólo a aquellos que van a permanecer en el camping durante más tiempo y que, en consecuencia, van a hacer un

gasto más elevado. Su razonamiento es sencillo: la ocupación de una plaza durante uno o dos días puede suponer la pérdida de turistas que pretenden plantar sus tiendas durante dos semanas.

Pagan justos por pecadores

Bien es cierto que esta situación no es generalizada y que en la mayoría de campings no ponen trabas a estancias cortas, pero también es verdad que todo depende de la demanda. Aquellos establecimientos que cumplen con la ley se sitúan en zonas en las que la demanda de parcelas de camping permanece estancada o incluso ha disminuido.

Pero la picaresca de que hacen gala algunos puede tener consecuencias nefastas para otros. Los turistas, en especial los extranjeros, no son tontos y a pesar de que aceptan con resignación algunas situaciones fraudulentas, ello no significa que se vayan satisfechos del trato recibido. Se les puede engañar una vez pero, al año siguiente, es muy probable que no regresen a aquella zona turística en la que han sido víctimas de abusos. Sin duda, ello afecta negativamente a aquellos cam-

pings que actúan dentro de la legalidad y se esmeran en ofrecer un trato correcto al veraneante.

Con la ley en la mano

La ley establece que los campings tienen libertad para fijar los precios de los servicios que ofrecen pero no permite que la contratación se haga por bloques. Esto es, el camping no puede exigir un mínimo de días de estancia ya que el contrato se

hace por días sueltos. Otra de las irregularidades habituales en los campings es la presencia de una población superior a la permitida. La ley fija un promedio máximo de 2'5 personas por parcela, limitación que suele ser transgredida en aquellos establecimientos con mayor demanda de plazas.

La contratación por días sueltos es una obligación que se hace extensible a los hoteles, establecimientos en los que también se ha manifestado

una cierta tendencia a evitar clientes que quieren pasar sólo el fin de semana. Cualquier hotel o camping que no acepte a un cliente se obliga a éste a pagar un mínimo de cuatro o cinco días, cuando sólo va a permanecer en las instalaciones uno o dos, el fraude es todavía mayor. Estos abusos, además de entrar en la más perfecta ilegalidad, sólo consiguen ahuyentar a un turismo que se siente en su tiempo de veraneo mal tratado y mal recibido.

D Albergues de juventud

E13

Youth hostelling is a cheap way of travelling around. While in Spain, you and some friends decide to go off for a few days, staying in *albergues de juventud*. Better check the rules!

Match the appropriate Spanish rules **(1–13)** with the following statements **(a–j)**.

a) There are separate male and female dormitories.

b) You must be quiet after 11 p.m.

c) You must have your youth hostel card with you.

d) There is a suggestions book in every youth hostel.

e) Groups of six or more must book in advance.

f) The warden can take away your card if you break the rules.

g) You can book directly into a hostel before 8 p.m. if there are places.

h) No food or alcohol is allowed in the dormitories.

i) Each hosteller is responsible for doing a particular task.

j) You can hire sheets.

NORMATIVA DE LOS ALBERGUES DE JUVENTUD

1. Se entiende por albergue de juventud todo edificio que de forma temporal o permanente sirva de refugio o de lugar de acogida para niños, jóvenes y para aquellas personas provistas de carnet de alberguista que, en grupo o individualmente, quieran utilizarlo para dormir una o más noches como lugar de paso en su itinerario o en el marco de una actividad.

2. El carnet de alberguista, en sus diferentes modalidades, es imprescindible para la utilización de los albergues de juventud adheridos a la International Youth Hostel Federation, que son más de 5.000 en todo el mundo.
   Es imprescindible que los menores de edad estén debidamente autorizados por sus padres o tutores para poder tramitar el correspondiente carnet de alberguista (que les permite utilizar los albergues).

3. Los grupos de 6 o más jóvenes (hasta 25 años) han de formalizar, con la suficiente antelación, la reserva de plazas correspondientes en la Central de Reservas de «Institut Català de Serveis a la Joventut» de Barcelona, para todos los días que dure la actividad programada.

4. En todos los demás casos: individuales, familiares y grupos de más de 25 años, también se podrá formalizar la reserva con antelación pero la estancia se limitará a tres pernoctaciones. Si la ocupación lo permite, al tercer día, el director podrá autorizar la ampliación en la duración de la estancia.

5. Las inscripciones, individuales o en grupo, que se hagan directamente en los albergues para la utilización inmediata de la instalación, cuando haya plazas disponibles, han de efectuarse antes de las 8 de la tarde. Sólo se podrán tener en cuenta como excepcionales los casos de imposibilidad involuntaria motivada por el retraso en la llegada de trenes o autobuses.
   Los grupos de personas individuales que hayan efectuado una reserva con antelación también deberán formalizar los trámites de entrada antes de las 8 de la tarde.

6. Los albergues de juventud se cierran, según las zonas y las épocas, entre las 23 y las 24 horas. A partir de las 23 horas se observará silencio en la zona de dormitorios. A partir de las 2 horas permanecerán totalmente cerrados.

7. En los dormitorios no se podrá fumar, tomar bebidas alcohólicas ni consumir comida. Sólo se podrá comer en los comedores en las horas que señale el reglamento interno de cada albergue.

8. Cada alberguista realizará la parte de limpieza, adecuación de los dormitorios, servicio de comedor y otros trabajos que indiquen el reglamento interno o el director del albergue.

9. Los dormitorios serán separados para personas de diferentes sexos.

10. Es obligatorio el uso de sábanas o sacos de dormir. En los albergues se establece un servicio de alquiler de sábanas y un servicio gratuito de préstamo de mantas y fundas de almohada.

11. Cualquier desperfecto, no fortuito, en las instalaciones o bienes del albergue será valorado por la dirección y facturado a parte de los servicios solicitados. El alberguista estará obligado a abonar dicho importe inmediatamente y se le contabilizará en la factura-recibo.

12. En cada albergue de juventud habrá un libro de actas que podrá utilizar cualquier alberguista que lo solicite con el fin de hacer constar cualquier sugerencia o anomalía que observe durante su estancia. Deberá hacer constar su nombre completo y el número de carnet de identidad o del pasaporte.

13. El director del albergue podrá retirar el carnet de alberguista a aquellas personas que incumplan el reglamento o no abonen los gastos realizados.

E Casas particulares

```
2 cinturones
2 pijamas
3 camisas
3 polos
8 calzoncillos - - - - - - -
8 calcetines - - - - - - -
1 muñequera
1 pantalón tenis
1 anorac
4 pantalones
2 camisetas interiores
1 camiseta
2 zapatos (pares)
1 tenis (  "  )
1 zapatillas ( " )
1 toalla
1 chandal
3 jerseys
1 Chubasquero
1 Regalo Padre
1 Regalo Madre
1 Regalo Niño
2 bañadores.
```

E14

Your brother's Spanish penfriend is at the end of his stay with your family. Your mother asks you and your brother to check that he has packed the correct number of each item according to this list which he has brought with him. Use the list to answer the following questions.

1 He has packed one pair of pyjamas. How many should he have?
2 How many pairs of trousers did he bring with him?
3 He seems to have put in two towels. Is that correct?
4 How many pairs of socks should there be?
5 What did he bring for his host family?
6 What sports did he plan to do?

F Excursiones

E15

Which ticket (**A, B, C, D** or **E**) was used to get into:

1 a prison
2 a museum
3 a convent
4 an ancient site
5 a model village?

AYUNTAMIENTO DE
GUADALEST
Visitas:
CASTILLO DE SAN JOSE
PRISION SIGLO XII
PRECIO 35 Ptas.

60871

PUEBLO ESPAÑOL

PALMA DE MALLORCA

Nº 002831

Ministerio de Cultura
Museo Nacional del Prado

Casón
Guernica

Serie J Nº 230280

Casón
Salas Siglo XIX

ENTRADA GRATUITA

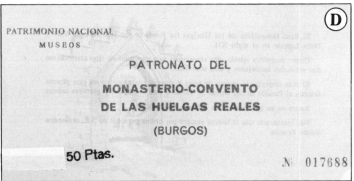

PATRIMONIO NACIONAL
MUSEOS

PATRONATO DEL

MONASTERIO-CONVENTO

DE LAS HUELGAS REALES

(BURGOS)

50 Ptas.

Nº 017688

POBLADO PREHISTORICO DE CAPO CORP VELL

LLUCHMAYOR
(M. H. A.)

25 Pesetas

Nº 002646

E16

While in Santander, your friend has mentioned to you that the city has some interesting museums. Copy this table and tick where you would go to see the following items.

Places	Things to see				
	Contemporary paintings	Stone-age weapons	A drawing on a fly's wing	Boats	Gemstones
Marítimo					
Municipal					
Regional					
Micro-miniaturas					
Hotel Santemar					

E17

A Spanish friend is involved in a youth group in Madrid. She sends you a cutting of one of their activities. You check that you have understood the advertisement before writing back.

1 When did this event take place?
2 What did they plan to say about 'El Madrid Joven'?

G Las vacaciones de los españoles

Where do Spaniards spend their holidays? This section shows you some of the places.

E18

Here are details of three attractive places on the island of Ibiza – a very popular choice with Spanish holiday-makers, who not only holiday on the Iberian peninsula, but also on the Balearic islands.

CLUB/2000 IBIZA - Santa Eulalia del Río/Portinatx

H. LA CALA**
San Jaime, 76,
Santa Eulalia del Río. Tel. 33 00 09
Hotel situado en el centro de Santa Eulalia, cerca del mar y del puerto deportivo.
Todas las habitaciones disponen de baño o ducha y la mayoría de ellas poseen terraza.
Disponen de piscina, bar, restaurante tipo buffet frío y caliente, salón social con TV.

H. LOS LOROS SOL***
Cas Capitá.
Santa Eulalia del Río. Tel. 33 07 61
Hotel situado frente al mar y a tan sólo 100 metros de la playa, en una zona muy tranquila totalmente rodeada de pinos.
Todas las habitaciones poseen cuarto de baño completo, teléfono, algunas con terraza y vistas al mar y otras con terrazas exteriores.
Dispone de piscina para adultos y para niños, piscina cubierta y climatizada, jardines, parque infantil, pista de tenis, salón social con TV en color y vídeo, bares, restaurante, boutiques, discoteca, ping-pong y parking.

CLUB PORTINATX ⌶
Cala Portinatx. Tel. 34 71 33
Este maravilloso complejo turístico se encuentra enclavado en una de las innumerables calas de la isla de Ibiza, a 30 kilómetros de Ibiza ciudad.
Todos los bungalows se esparcen bajo pinos.
El edificio principal consta de recepción, restaurante, tiendas, bar, discoteca, sala de TV color y vídeo y piscina.
Además cuenta con un amplio programa de animación, así como de deportes, entre los cuales usted podrá practicar tenis, voleibol, ping-pong, windsurfing y toda clase de ejercicios físicos.

HOTELES/ APARTAMENTOS	REG.	NUM. DE NOCHES	TEMPORADAS							DTO. 3.ª PAX	SUPL. INDIV.	DTO. NIÑOS	NOTAS
			Mayo Octubre	1-27 junio	28 junio 28 julio	29 julio 15 agosto	16-31 agosto	1-15 septiem.	16-30 septiem.				
SANTA EULALIA DEL RIO													
H. LA CALA***	MP	3	20.100	22.800	25.400	29.300	28.500	25.500	24.700	10 %	750	2/10: 25 %	Supl. 20-28/7: 845 ptas.
		6	27.300	32.400	37.200	44.300	42.800	37.200	36.100				
		N. extra	2.370	3.150	3.690	4.530	4.530	3.690	3.690				
H. LOS LOROS SOL***	MP	3	21.100	22.900	27.700	30.200	29.400	27.700	26.900	30 %	1.065	2/15: Dto. niños Sol	Supl. 16-28/7: 425 ptas. Supl. PC: 520 ptas.
		6	29.300	32.700	41.700	46.200	44.400	41.400	40.300				
		N. extra	2.700	3.200	4.400	4.820	4.820	4.400	4.400				
CLUB PORTINATX	MP	3	20.800	23.200	29.500	30.700	29.900	29.500	23.500	20 %	750	2/12: 20 %	Supl. 21-31/5: 690 ptas. Dto. 1-8/7: 1.620 ptas. Supl. 1-7/10: 690 ptas.
		6	28.700	33.300	45.200	47.100	45.200	44.600	33.700				
		N. extra	2.615	3.300	4.950	4.950	4.950	4.950	3.300				

Make out a chart like the one below in your answer book and fill in as much as you can about the holidays on offer.

Name of hotel or apartments	Star rating	Distance from sea/town	Discounts offered – 3rd person/child	Least/most expensive periods	Facilities offered	Activities offered

E19

You are looking through a Spanish magazine and are interested to see an article on where the rich and famous like to spend their holidays. Try to match what they said, giving as much detail as possible. Copy the grid below to help you.

	Holidays in Spain or abroad?	Preferences
Lola Flores		
Sara Montiel		
María Vidaurreta		
Montserrat Caballé		

¿DONDE PREFIEREN PASAR SUS VACACIONES LOS FAMOSOS?

Esto de las vacaciones y el lugar a donde ir a disfrutarlas es como el mundo de la moda. Si los vestidos y las corrientes se presentan siete meses antes del comienzo de la temporada, el momento para elegir el lugar de descanso también es unos cuantos meses antes del verano.

Por eso preguntamos a nuestros famosos, miembros de la «jet» y políticos, cuál va a ser el lugar de descanso para ellos y sus familias. Al final de nuestra encuesta Marbella sigue siendo el foco de atención, el lugar de España que a más famosos es capaz de reunir.

A poca distancia, Mallorca, que parece que en los últimos años comienza a dispararse; pero ante todo, y en ello sí que fueron unánimes nuestros encuestados, les gusta España, todo el país, desde la montaña al sol.

LOLA FLORES

«Yo soy muy amante de mi país y me gustan todos sus rincones, pero la Costa del Sol, quizá por lo andaluza que soy, me tira especialmente. Desde hace muchísimos años, creo que desde siempre, mi familia y yo hemos pasado las vacaciones de verano en Marbella, donde, dicho sea de paso, tenemos una casa. El clima, el sol, casi permanente, y el ambiente de todos los andaluces, hacen de Marbella un lugar excepcional.»

SARA MONTIEL

«A nosotros la Costa del Sol nos encanta, porque siempre que voy por allí, que suele ser todos los años, me han tratado estupendamente y sólo he recibido muestras de cariño, pero tampoco puedo olvidar dónde vivo, por qué vivo allí, en Mallorca. El clima y el ambiente de las Baleares es insustituible, además del paisaje y la sensación de vivir en una isla. Yo, con mucho cariño a otras regiones españolas, me decanto por Mallorca.»

MONTSERRAT CABALLE

La diplomacia es una de las grandes virtudes de la «prima donna» mundial Montserrat Caballé, y a nuestra pregunta Montserrat no se decantó hacia ningún lado.

«A mí, como viajera constante, me ocurre lo que a todos los que estamos mucho tiempo fuera de nuestro país: que lo echamos tremendamente de menos. Y lo echamos de menos en su conjunto, no a unos lugares más que a otros. Por eso, cuando me hablan de veranear, cosa que pocas veces he logrado, hablo de España, de cualquier parte de España, y no puedo decantarme por el norte o el sur, la Costa del Sol o las Baleares.»

MARIA VIDAURRETA

«A mí Marbella me fascina. Yo soy de las personas a los que no les gusta demasiado el ruido ni el ajetreo, y menos aún, claro, si estoy de vacaciones y, aunque parezca extraño, por eso me voy a Marbella con mi familia a pasar el mes de agosto. En la Costa del Sol se puede encontrar todo tipo de ambientes, y eso para una zona de veraneo es fundamental, por eso vamos a Marbella.»

H   El tiempo

E20

Here is a chart showing temperatures at the beginning of September in Majorca.

1 Which were the hottest consecutive two days of the year?
2 What is the forecast for the days following 3 September?

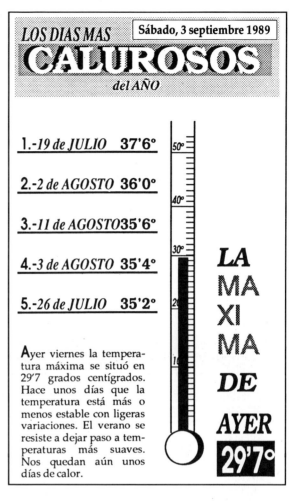

LOS DIAS MAS CALUROSOS *del AÑO*

Sábado, 3 septiembre 1989

1.- *19 de JULIO*   **37'6°**

2.- *2 de AGOSTO* **36'0°**

3.- *11 de AGOSTO* **35'6°**

4.- *3 de AGOSTO* **35'4°**

5.- *26 de JULIO*   **35'2°**

LA MAXIMA DE AYER

29'7°

Ayer viernes la temperatura máxima se situó en 29'7 grados centígrados. Hace unos días que la temperatura está más o menos estable con ligeras variaciones. El verano se resiste a dejar paso a temperaturas más suaves. Nos quedan aún unos días de calor.

E21

What weather is expected in Catalonia? What advice is being offered?

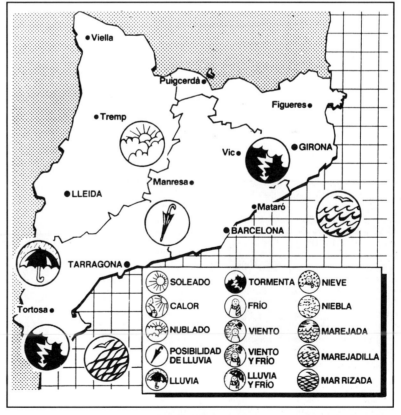

EL TIEMPO

Una borrasca mantendrá el tiempo húmedo y bastante fresco

LINO DÍEZ

■ Barcelona. – El tiempo continuará húmedo y variable, tal y como comenzará este fin de semana. Una borrasca se ha colado hacia el sureste peninsular y desde allí volteará viento húmedo y fresco del Mediterráneo hacia Catalunya. Por eso el tiempo será variable y revuelto en toda el área mediterránea, con chubascos dispersos, moderados, temperaturas máximas suaves y algunas tormentas dispersas.

La tendencia para los próximos días no señala mejoría sensible. La llegada de masas nubosas producirán chubascos más intensos y generalizados y las temperaturas experimentarán un nuevo descenso, sobre todo las mínimas, hasta el punto de que habrá más nevadas en el Pirineo.

En Catalunya, el viento de Levante mantendrá un ambiente muy húmedo y fresco, con nubosidad abundante, sobre todo en la zona costera, donde quedarán localizadas casi todas las precipitaciones. Menos alguna tormenta que puede arrojar un aguacero moderado, las lluvias serán débiles.

En la zona marítima, el viento soplará del sureste al noreste, con intensidad moderada, 2 a 5 de la escala de Beaufort, y la mar persistirá en marejada, olas de 1 a 1,5 metros, en alta mar y mar rizada en la costa.

LA PREVISIÓN DE HOY

Viella ·
Puigcerdà ·
Figueres ·
· Tremp
Vic · · GIRONA
Manresa ·
· LLEIDA
· Mataró
· BARCELONA
TARRAGONA ·
Tortosa ·

SOLEADO	TORMENTA	NIEVE
CALOR	FRÍO	NIEBLA
NUBLADO	VIENTO	MAREJADA
POSIBILIDAD DE LLUVIA	VIENTO Y FRÍO	MAREJADILLA
LLUVIA	LLUVIA Y FRÍO	MAR RIZADA

SUGERENCIA

■ **QUÉDESE EN CASA** – Justo cuando Agricultura acaba de declarar el estado de máxima vigilancia contra los incendios forestales, el viento húmedo de lluvia asoma por el horizonte. De momento continuará la enorme sequedad ambiental que arrastramos desde hace meses, pero las perspectivas de nuevas lluvias y de chubascos más intensos hacen pensar en un alivio importante para el bosque, que ya en primavera se halla al punto de fuego. Con esta situación lo mejor es quedarse en casa, asomarse al balcón y según la nubosidad de cada lugar hacer lo que más apetezca, pero siempre teniendo en cuenta que el tiempo cambiará con prontitud.

1 Ferias y fiestas

E22

Spain is often said to be a country of public holidays! If you were lucky enough to be there on these occasions, there would be much to see and do. Copy this table and fill in all the details you can find.

	Celebration				
	Semana Grande	San Isidro	Fallas	San Fermín	Nuestra Señora de la Merced
Place					
Date					
Main events					

Ferias y fiestas.

Veamos ahora las fiestas mayores.

Si viene usted a España durante el mes de marzo, no se pierda las Fallas de Valencia. La noche en que se queman las «fallas» no se le olvidará a usted nunca, y el olor a la pólvora de la cohetería, tampoco.

Entre abril y mayo hay Feria de Primavera en Sevilla y Jerez de la Frontera. Sevilla es tierra del salero; y su Feria de abril es la fiesta de la cortesía y de la gracia. Y Jerez, !a tierra de los famosos caldos, los caballos elegantes y los toros bravos. En el mes de mayo son las fiestas de San Isidro en Madrid. Doce corridas de toros en doce días seguidos, con los mejores diestros en cartel. Con esto está dicho todo.

El Corpus Christi se celebra en toda España; pero tiene máximo esplendor en Toledo, la ciudad esencial que resume el alma de España. Toledo es imprescindible para conocer España. También Granada rodea de especial relieve la festividad del Corpus. Igualmente hay fiestas del Corpus en Cádiz, en Sevilla, en Valencia, y en Barcelona.

Y el siete de julio, si eligió usted este mes para su viaje, ¡en Pamplona! Al encierro, como un pamplonés más. Son los Sanfermines, Feria del Toro, del vino, de la buena mesa, de la alegría sin límites y de la desbordante solidaridad. Hemingway no se perdía estas fiestas ningún año.

A mediados de agosto, San Sebastián, una de las ciudades más elegantes de España, la de la Concha, primor entre primores playeros, celebra su Semana Grande. Fiestas supremas del Cantábrico. Corridas, regatas, certámenes folklóricos y competiciones deportivas.

En septiembre, Barcelona, la primera ciudad de España según los catalanes y la segunda según los madrileños, festeja a Nuestra Señora de la Merced con una de las ferias de más solera de la Península. Muy importantes corridas de toros y festejos mil.

Y, por fin, si elige usted el otoño y es octubre el mes de sus vacaciones, vaya a Zaragoza, la capital del Ebro, donde las Fiestas del Pilar le sumergirán en una España recia, viril, alegre, sana e inolvidable.

Le conviene recordar que son festivos en todo el país los siguientes días, en los que cierran los comercios y las oficinas, pero están abiertos los espectáculos, restaurantes y bares, y funcionan los medios de transporte: Día de Año Nuevo, Fiesta de la Epifanía (6 de enero), San José (19 de marzo), Viernes y Sábado Santos de la Semana Santa, Fiestas del Trabajo (1 de mayo), Corpus Christi y Día de la Ascensión, Día de San Pedro y San Pablo (29 de junio), Fiesta Nacional (18 de julio), Santiago Apóstol, Patrón de España (25 de julio), Día de la Asunción (15 de agosto), Día de la Hispanidad (12 de octubre), Día de Todos los Santos (1 de noviembre), Día de la Inmaculada Concepción (8 de diciembre) y Navidad (25 de diciembre). Además, cada ciudad celebra sus fiestas, que suelen coincidir con la de su respectivo Santo Patrón.

E23

The April fair in Sevilla is a very important occasion. What is happening here on 16 April?

Feria de Abril de

16 ABRIL

Actuación del Grupo

ORO CALIENTE

Con todo el ambiente, música y colorido

de una noche sevillana.

16 de Abril.

E24

You can guess what time of year it is! In England, little children write to Father Christmas. To whom do Spanish children write?

A SS.MM. Los Reyes Magos Oriente

E25

What event is being held at the hotel Reina Cristina? When?

GRAN GALA UNICEF 1988

HOTEL REINA CRISTINA – **DIA 5. A LAS 11 DE LA NOCHE**

MENU

CREMA DE MARISCOS
RAPE A LA CARDINALE
ENTRETTE GRILLE SALSA BEARNESA
SORBETE LIMON
TARTA UNICEF
CHAMPAN A 9080
AGUAS MINERALES
CAFE
LICORES

Cena amenizada
con órgano
electrónico
— • —

BAILE EN LA
DISCOTECA
CON
ORQUESTA

Roscón de Reyes con sorpresa - Regalos

GRAN RIFA: Importantes obras de arte de artistes turolenses

NOCHE DE REYES

NOCHE DE UNICEF

CUENTA CONTIGO

E26

What special two events are being shown on Spanish TV?

Lotería de Navidad ★★★

El sorteo, en directo.

8.20
Especial

TVE 1

Desde el Salón de Loterías, de Madrid, TVE transmitirá en directo el Sorteo Extraordinario de la Lotería de Navidad. De nuevo, los niños y niñas del colegio de San Ildefonso serán los encargados de repartir la suerte en el sorteo más importante del año. El primer premio es de 250 millones de pesetas. Una vez que aparezca el "gordo", habrá un informativo especial en el que se entrevistará a los agraciados.

Los niños de San Ildefonso serán los encargados de repartir la suerte.

Foto: ANTENA

Mensaje de S. M. el Rey ★★★

Paz y felicidad

21.00
Especial

Todas las c.

Como ya es habitual desde que ascendió al Trono, *Su Majestad el Rey don Juan Carlos* se dirigirá hoy a todos los españoles. El Jefe del Estado aparecerá ante las cámaras en un ambiente familiar, para transmitir sus impresiones a una audiencia diversa y exponer sus mejores deseos para el pueblo español. Mensaje navideño y fraternal, se referirá a todo aquello que tenga que ver con la convivencia y con lo mejor que hay dentro de cada uno. Se emite, al mismo tiempo por todas las cadenas radiofónicas y televisivas del Estado español.

S. M. el Rey deseará hoy paz y felicidad a todos los españoles.

Foto: DALDA

E27

Christmas is always a time for overeating!

1 For what day are these special meals being advertised?
2 Which main courses are being served at both places?
3 What fruit is in season?
4 What Christmas speciality is served as a dessert at both?

DE COMPRAS EN LA VIGILIA DE LAS FIESTAS

E28

Finally, Christmas is the time for giving and receiving. You have got some last minute shopping to do and want some ideas!
Where would you go to buy:

1 a basket of fruit
2 a selection of cold meats
3 a good bottle of sherry
4 specialist teas
5 a crib made of chocolate?

Ya en la vigilia de las fiestas, cuando quedan compras por hacer y regalos por adquirir, tal vez resulta útil para el lector una miniguía de establecimientos de la ciudad que ofrecen alimentos propios de estas fechas, presentados con la gracia que requiere el obsequio navideño. Desde luego, no son los únicos pero por obvias razones tenemos que limitarnos a un número exiguo de tiendas. Ya sea en uno de los que sugerimos, ya sea en cualquier otro establecimiento prestigioso de nuestra ciudad, pueden encontrar ustedes lo que les interese.

SEMON. GANDUXER, 31. Tel. 2016508.

Charcutería de máximo prestigio. Los mejores productos y, de manera muy especial, el mejor salmón. Exquisiteces como el caviar y un soberbio jamón serrano. Cocina de gran clase. Muy importante botellería. Vinos en exclusiva. Jereces especiales.

CRAC-CRAC. SANTALÓ, 44. Tel. 2005523.

Sesenta, setenta tipos de frutos secos; hierbas aromáticas, una veintena también de las más exóticas; una docena de tipos de té. Con todo esto, han preparado cestas y centros navideños, con gracia y calidad. También un gran surtido de mermeladas y mieles.

ESCRIBÁ. GRAN VÍA, 546. Tel. 2547535.

Es la pastelería del «mago del chocolate», don Antonio Escribá. También es panadería de excepcional calidad. En estos días, panes especiales con formas alusivas a la Navidad. Belenes de chocolate. Turrones de Jijona helados, de crema y de chocolate.

SITJAR. MUNTANER, 330. Tel. 2097110.

Las comidas de Navidad pueden culminar con los sabores refrescantes de las frutas. Miguel Sitjar tiene a gala su impresionante surtido de frutas, seleccionadas con intransigente rigurosidad. Sitjar es un permanente festival de la fruta, y prepara cestas navideñas marcadas con la gracia exótica de kiwis, mangos, papayas, cocos, piñas. . .

BAIXAS. CALAF, 14. Tel. 2097110.

Pastelería y chocolatería a partir de materias primas de impecable calidad. Muy recomendables sus especialidades navideñas; turrones de chocolate, praliné y crema. Troc y Tortell de Reis.

E29

Bullfighting is often associated with public festivals.

¡A los toros!

Son famosas las corridas de las Fallas, en Valencia, por San José, en marzo. Y también las de la feria de julio en esta ciudad. Las de la feria de abril en Sevilla, las de San Isidro, en mayo, en Madrid. Las del Corpus Christi, en Granada y Toledo. En julio las de San Fermín, en Pamplona. En agosto, las de la feria de Bilbao y la Semana Grande de San Sebastián. En septiembre, las de las Fiestas de la Merced, en Barcelona; las de las ferias de Valladolid y Salamanca. En octubre tienen gran importancia las de las fiestas del Pilar, en Zaragoza.

Estos son festejos taurinos que gozan de merecida tradición; pero es posible ver buenas corridas, en una u otra fecha, en muchos pueblos y ciudades de España, generalmente coincidiendo con las ferias y fiestas locales. Y en el verano, en distintas plazas de gran afluencia de veraneantes y turistas.

How true is it to say that bullfights only exist for tourists?

Here are details of a famous festival.

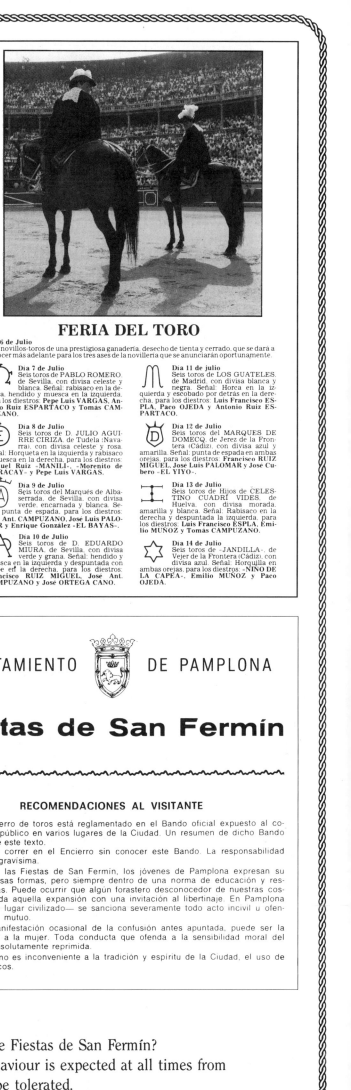

FERIA DEL TORO

Día 6 de Julio
Seis novillos-toros de una prestigiosa ganadería, desecho de tienta y cerrado, que se dará a conocer más adelante para los tres ases de la novillería que se anunciarán oportunamente.

 Día 7 de Julio
Seis toros de PABLO ROMERO, de Sevilla, con divisa celeste y blanca. Señal: rabisaco en la derecha, hendido y muesca en la izquierda, para los diestros: **Pepe Luis VARGAS, Antonio Ruiz ESPARTACO y Tomás CAMPUZANO.**

Día 8 de Julio
Seis toros de D. JULIO AGUIRRE CIRIZA, de Tudela (Navarra), con divisa celeste y rosa. Señal: Horqueta en la izquierda y rabisaco y muesca en la derecha, para los diestros: **Manuel Ruiz «MANILI», «Morenito de MARACAY» y Pepe Luis VARGAS.**

Día 9 de Julio
Seis toros del Marqués de Albaserrada, de Sevilla, con divisa verde, encarnada y blanca. Señal: punta de espada, para los diestros: **José Ant. CAMPUZANO, José Luis PALOMAR y Enrique González «EL BAYAS».**

Día 10 de Julio
Seis toros de D. EDUARDO MIURA, de Sevilla, con divisa verde y grana. Señal: hendido y muesca en la izquierda y despuntada con golpe en la derecha, para los diestros: **Francisco RUIZ MIGUEL, José Ant. CAMPUZANO y José ORTEGA CANO.**

Día 11 de julio
Seis toros de LOS GUATELES, de Madrid, con divisa blanca y negra. Señal: Horca en la izquierda y escobado por detrás en la derecha, para los diestros: **Luis Francisco ESPLA, Paco OJEDA y Antonio Ruiz ESPARTACO.**

Día 12 de Julio
Seis toros del MARQUES DE DOMECQ, de Jerez de la Frontera (Cádiz), con divisa azul y amarilla. Señal: punta de espada en ambas orejas, para los diestros: **Francisco RUIZ MIGUEL, José Luis PALOMAR y José Cubero «EL YIYO».**

Día 13 de Julio
Seis toros de Hijos de CELESTINO CUADRI VIDES, de Huelva, con divisa morada, amarilla y blanca. Señal: Rabisaco en la derecha y despuntada la izquierda, para los diestros: **Luis Francisco ESPLA, Emilio MUÑOZ y Tomás CAMPUZANO.**

Día 14 de Julio
Seis toros de «JANDILLA», de Vejer de la Frontera (Cádiz), con divisa azul. Señal: Horquilla en ambas orejas, para los diestros: **«NIÑO DE LA CAPEA», Emilio MUÑOZ y Paco OJEDA.**

AYUNTAMIENTO DE PAMPLONA

Fiestas de San Fermín

RECOMENDACIONES AL VISITANTE

1.ª El Encierro de toros está reglamentado en el Bando oficial expuesto al conocimiento del público en varios lugares de la Ciudad. Un resumen de dicho Bando figura al final de este texto.
Nadie debe correr en el Encierro sin conocer este Bando. La responsabilidad del infractor es gravísima.

2.ª Durante las Fiestas de San Fermín, los jóvenes de Pamplona expresan su alegría de diversas formas, pero siempre dentro de una norma de educación y respeto a los demás. Puede ocurrir que algún forastero desconocedor de nuestras costumbres confunda aquella expansión con una invitación al libertinaje. En Pamplona —como en todo lugar civilizado— se sanciona severamente todo acto incivil u ofensivo al respeto mutuo.

3.ª Una manifestación ocasional de la confusión antes apuntada, puede ser la falta de respeto a la mujer. Toda conducta que ofenda a la sensibilidad moral del público, será absolutamente reprimida.

4.ª Asimismo es inconveniente a la tradición y espíritu de la Ciudad, el uso de vestidos grotescos.

E30

1 How many bulls normally take part in each session at the Fiestas de San Fermín?
2 Despite the carefree atmosphere of San Fermín, good behaviour is expected at all times from participants and visitors. Name two things that will not be tolerated.

Chapter 11
Mock examination

1 On your first day in Spain, you go to school with your penfriend.

> ## PARADA BUS ESCOLAR

Why do you wait here? (1)

2 In the same street you see this sign.

> ## CARRIL DE AUTOBÚS. MIRE ANTES DE CRUZAR

What must you be sure to do? (1)

3 On the bus you see this notice.

> ## EL VIAJERO SIN BILLETE SERÁ SANCIONADO
> ## CON UNA MULTA DE 800 PTAS

In what case would you have to pay this fine? (1)

4 The next day, while waiting for your friend in town, you notice these signs (**1–7**). Match them to the written notices (**a–g**).

a) Ascensores
b) Entrada parking
c) Escaleras mecánicas
d) Salidas de emergencia

e) Teléfono público
f) Escaleras
g) Aseos

(7)

5 You go shopping with your host family in the famous El Corte Inglés and study the store guide.

a) Name three departments that are situated on the second floor. (3)

b) Where do you need to go for earrings and bracelets? (1)

c) You want to change some money. Which floor do you want? (1)

d) You are very hungry. Where can you eat? (1)

6 You are planning an evening out and look through the local paper for some ideas. You are particularly interested in this advertisement.

MUSICALES

Bar Concierto Clamores Jazz.
☎ 445 79 38 / Alburquerque, 14 / Metro Bilbao.
—Cotidiano *jazz* en vivo a partir de las 11 noche. Días 20 al 23, **Moltex Quintet.** Días 24 al 30, **Hian Henry + O.C.Q.**

a) Would you expect there to be a disc jockey at this event? (1)

b) Would you go there straight after school finishes? (1)

c) What or whom could you listen to on the 21st of the month? (1)

GUIA DE DEPARTAMENTOS

Planta	DEPARTAMENTO
7	**OPORTUNIDADES. CAFETERIA.** Restaurante Buffet. Mesón.
6	**MUEBLES Y DECORACION:** Dormitorios. Salones. Alfombras nacionales-orientales. Lámparas. Mantelerías bordadas. Textiles del Hogar.
5	**JUVENTUD Y DEPORTES:** Confección Joven El. Confección Joven Ella. Boutiques femeninas (Arco Iris, Carla, Drach, Joly, Zhiva, Tintoretto), Boutique masculina (Peter Lord) Zapatería, Complementos. **DEPORTES:** Golf. Tenis. Caza. Pesca. Montaña, etc. Tiendas Adidas. Ellesse.
4	**CONFECCION SEÑORAS:** Boutique de la piel. Boutiques (Balenciaga, Georges Rech, Guy Laroche, Lasserre, Francisco Delgado, Pedro del Hierro, Pierre Balmain). Lencería y corsetería. Complementos. Zapatería Peluquería.
3	**CONFECCION CABALLEROS:** Ante, piel. Artículos viaje. Boutique. Complementos. Zapatería. Peluquería. Agencia de viajes. Cambio de moneda. Desgravación fiscal. Oficinas.

Planta	DEPARTAMENTO
2	**BEBES:** Carrocería. Canastillas. Confección. Regalos bebés. Zapatería Bebés. **NIÑOS/NIÑAS (4 a 10 años):** Confección. Complementos. Boutiques. **CHICOS/CHICAS (11 a 14 años):** Confección. Complementos. Boutiques. **JUGUETERIA. ZAPATERIA:** Señoras, Caballeros, Joven y Niños.
1	**HOGAR MENAJE:** Artesanía. Accesorios Automóvil. Bricolage. Cerámicas. Cristalerías. Cuberterías. Loza. Orfebrería. Porcelanas (Lladró, Capodimonte). Platería. Regalos. Saneamiento. Vajillas.
B	**COMPLEMENTOS:** Abanicos, Bisutería, Bolsos, Cosmética y Perfumería, Damasquinados de Toledo. Estanco. Fumador. Joyería. Librería. Mantillas. Marroquinería. Medias. Pañuelos. Papelería. Relojería. Sombreros. Souvenirs. Discos.

Zoo de la Casa de Campo

☎ 711 99 50 / *Metro* Batán. Autobús 33 (desde la plaza de Isabel II) Entrada: 10 a 18. Cierre: 18.30.

7 One day, your friend suggests a visit to the zoo.

a) According to the advertisement, how could you get to the zoo? (1)

b) Could you get in if you arrived at 6.15 p.m.? (1)

8 When looking around the kitchen in your friend's house, you notice this packet of soup.

Sopa Marsellesa de pescado

TIEMPO DE COCCIÓN. 10 minutos.

FORMA DE PREPARACIÓN. Vierta el contenido del sobre en un litro de agua templada. Llévelo a ebullición, removiendo de vez en cuando. Cubra la mitad del recipiente y déjelo cocer a fuego lento durante 10 minutos, removiendo de vez en cuando.

a) What kind of soup is this? (1)

b) List any two of the stages of preparation. (2)

9 Some relatives have just come to visit your friend's family. You study their train ticket. Which two of the facts given below are correct?

a) The ticket covered a journey from Madrid to Albacete.
b) The journey was made on 14 April.
c) First class accommodation was required.
d) The ticket cost 1.915 pesetas.
e) The seat was in a smoking compartment. (2)

Diversión para toda la familia

Aqualand ofrece diversión a cada uno de los miembros de la familia con piscinas, toboganes, rápidos, juegos, restaurantes, tiendas, parking, todo para pasar un día inolvidable.

TARIFAS:
Adultos: 1.100 ptas.
Niños (de 3 a 11 años): 600 ptas.
Pases de temporada: 6.000 ptas.
ABIERTO DESDE LAS 10 DE LA MAÑANA

El precio de entrada da derecho a disfrutar de todas las atracciones a lo largo del día.
Alquiler de tumbonas y mini-tumbonas.
Aparcamiento y sombrillas gratis.

Servicio continuo de autobuses desde Triangular Benidorm números 4 y 6.
Y un servicio especial de autobús que le llevará hasta la misma puerta del parque AQUALAND EXPRESS

Aqualand
BENIDORM
donde el agua es más divertida.

No se permite la entrada de vidrios ni latas al parque

10 You join your family for a holiday in Benidorm. You decide to spend one day at Aqualand.
a) Which two points attract you most? (2)
b) How much will an eight-year-old have to pay? (1)
c) What time does Aqualand open? (1)
d) Name one thing that you are not allowed to bring in. (1)

11 You are staying with your parents at a hotel in Madrid. Decide which two of the facts given below are correct.
  a) The hotel is in the Plaza Conde Duque.
  b) You should show this card when you pick up your key.
  c) The room costs 110 pesetas.
  d) There are parking facilities for guests of the hotel.
  e) The charge for parking is ten per cent of the room price. (2)

★★★ HOTEL CONDE DUQUE
PLAZA CONDE VALLE DE SUCHIL, 5
Teléf. 447 70 00 - Telex: 22058 DUQUE E
MADRID-15

Sr. D. ....

Entrada .... Salida ....

Habitación n.° *110* Precio: Ptas. _____

• **Por favor, muestre esta tarjeta en Conserjería al RETIRAR SU LLAVE.**

Un servicio más para nuestros clientes:
APARQUE SU COCHE en
PARKING, S. A.
entrando por **Magallanes, 3 moderno**

Presentando esta tarjeta, el precio le será reducido un **10 %**

◆ Eros Ramazzotti
Música es

Eros Ramazzoti presenta la que desde luego es su obra más ambiciosa y perfecta. Todo un reto. Pocos son los artistas que se atreven con una canción —sinfonía de 11 minutos de duración, en la que poner de manifiesto voz, elegancia, capacidad creativa, ritmo, fuerza... todo. Esto es lo que ha hecho él, en la mejor tradición de los cantautores italianos, como Claudio Baglioni o Lucio Dalla. «Música es», la canción, presenta en esos 11 minutos todo lo que es Eros. Es un tema romántico, impecable, sencillamente maravilloso, y el cual él hace un repaso de su misma vida (habla de sus padres, su calle, su barrio, etc.). La instrumentación es inmensa. Un tema para oír cien veces y soñar. Pero no está solo en el LP. No hay que olvidar los seis restantes cortes, entre los que destaca «Así son los amigos», «Completamente enamorados» y el exquisito e igualmente romántico «Por ti me casaré». Un álbum 10, una obra perfecta. «Música es» es Eros Ramazzotti.

12 One day you pick up the teenage magazine *Super Pop*. On the page featuring the hit singles, you come across this article on Eros Ramazzotti.
  a) What nationality is Eros Ramazzotti? (1)
  b) How does the writer sum up the album? (1)
  c) Name two of the subjects that he sings about in the song 'Música es'. (2)
  d) List any two points from the article that would attract you to the song 'Música es'. (2)

13 You are looking through some magazines in your Spanish friend's house and come across this article on making up after a quarrel. You are not sure about some of the points so you go over them with your friend, Mila.

10 CONSEJOS
PARA HACER LAS PACES

1 Hacer las paces tras una discusión, un conflicto o un malentendido con alguna persona afectivamente cercana no es fácil, pero si dejas pasar demasiado tiempo será aún peor. Corre.

● ● ●

2 Alguien tiene que dar el primer paso. ¿Por qué no puedes ser tú? Si te pones a investigar quién tuvo más culpa, complicarás las cosas y no encontrarás nunca la reconciliación.

3 No dramatices, que no se hunde el mundo por una rebeldía. Si hubo algo más, ¿no sería mejor analizarlo juntos?

● ● ●

4 Escucha: dale una oportunidad a la otra parte, tal vez interpretaste mal, o él/ella interpretó mal.

5 A veces la ira es tal que correr a reconciliarse empeora la situación. Espera a calmarte. Da tiempo al tiempo, sin prisa alguna.

● ● ●

6 No te hagas la ofendida ni la víctima, que no es para tanto, y esas «dignas» actitudes están pasadas de moda. Relaja el gesto y relativiza un poco.

● ● ●

7 Sostener y no enmendar la falta es nefasto para la felicidad. Si ya sabes que te pasaste, ¿quieres volver a equivocarte al no dar tu brazo a torcer?

● ● ●

8 Es cierto que en ocasiones nos hieren, o nos hacen algo que no nos gusta, pero dedicarse a mimar tales recuerdos no es nada positivo: se pudren. Olvida. Pelillos a la mar.

● ● ●

9 Si la otra persona hace el esfuerzo de dar el primer paso, no cometas la imperdonable grosería de hacerte de rogar. Facilítale las cosas. Y agradécele su generosidad.

● ● ●

10 ¿Qué significa una gotita de enfado en la inmensidad oceánica de una amistad o una pasión, de la que sin duda tienes recuerdos más positivos y vitales?

a) Who do they suggest should make the first move to make up? (1)

b) Why do they say that trying to find out who is most to blame is pointless? (2)

c) Where do they suggest that you should help the other person if he/she makes the first move and that you should be grateful for the gesture of friendship? (1)

OTHER MATERIALS FOR LEARNERS OF SPANISH AVAILABLE FROM STANLEY THORNES

M Montoro-Blanch *Premio* (Course Books, Teacher's Books, Flashcards, Cassettes)
T Connell *ExpoSpanish*
T Connell and E van Heusden *The Spanish verb*
T Connell and J Kattán-Ibarra *Spanish at work* (Course Book, Teacher's Book, Cassettes)
M H Jackson *Guide to correspondence in Spanish*
Jaguar Readers (A M Kosnik *El enredo*, A M Kosnik *Un verano misterioso*, A Schrade *El ojo de agua*,
   R Hernandez de Escobar *La herencia*)
J Kattán-Ibarra *Perspectivas culturales de España*
J Kattán-Ibarra *Perspectivas culturales de Hispanoamérica*
J Kattán-Ibarra *Spain after Franco*
J Kattán-Ibarra and T Connell *Working with Spanish* (Course Books, Teacher's Notes, Cassettes)
H Pierson *Guide to Spanish idioms*
J Noble and J Lacasa *Complete handbook of Spanish verbs*
I W Ramboz *Spanish verbs and essentials of grammar*
M Wilden Hart *Curso práctico de español para mayores*

For further details of these books (and of the wide range of Stanley Thornes titles for learners of French, German, Italian, Russian, Dutch and Arabic) please write to the address on the back cover of this book, asking for our complete Modern Languages Catalogue.

Acknowledgements

We are indebted to Peter Lupson, author of *Echt Deutsch* and to Fiona Donaldson and Zina Bonney, co-authors of *En Direct de la France*, for allowing their books to be used as models for *En Directo desde España*.

We would like to thank colleagues, students and pupils for providing some of the authentic materials. We would also like to thank our families, Mila and Pierre, Sandra and Joanna, for putting up with much disturbance during the gestation and production of the book, whilst never failing to give us every encouragement in our work!

Sonia Rouve, Ray Symons
May 1990

The authors and publishers are grateful to the following for kindly granting permission to reproduce copyright material:

Antena TV, Madrid, for the advertisement on page 30 and information on page 131 • Ayuntamiento de Pamplona, for information on page 133 • Beecham Laboratories, S.A. for product details, on page 90 • Brittany Ferries Ltd (Modesto Piñeiro C y A, SA), Santander, for information on page 108 • Casa Misericordia Pamplona, for information on page 133 • Centros de Estudios C.C.C., San Sebastián, for the advertisement on page 30 • Continente, Palma de Mallorca, for the leaflet on page 60 • Diario de Mellorca, for the article on page 103 • Diaz–Caneja, Marina, for the pupil's identity card on page 17 • Editorial Espasa-Calpe, S.A., Madrid, for the reviews on page 43 • El Corte Inglés, for the book reservation form on page 19, for the store guides on page 58 and page 135 • El Mundo del Perro, Madrid, for the article on page 16 • El Mundo Deportivo, Barcelona, for the article on page 36 • El País, Madrid, for the article on page 41 • Eurocentres, Zurich, for the information on page 25 • Galerías Preciados, Palma de Mallorca (Juan Fco. Grau Carreras) for permission to photograph signs used on page 2 and page 57 • Gil, Lucía, for the telephone bill on page 85 • Hill, David, for the letter on page 117 • Mapfre Industrial S.A., Madrid, for the leaflet on page 81 • Ministerio de Economíe y Hacienda, Madrid, for information on page 40 • Popcorn, Madrid, for the articles on page 4, page 5 and page 6 • Roberts, Jane, for the information on page 121 • Rodriguez Pinto, Victoria, for the identity card on page 1 • Rueda de la Puerta, María del Carmen, for the school report on page 18 • Telefónica de España, Madrid, for the form on page 83, information on page 84, bill on page 85 • Turespaña, Madrid, for the article on page 35 • Walsh, James, for the form on page 79.

Every effort has been made to contact copyright holders and we apologise if any have been overlooked. We would be pleased to recognise sources in the normal way if approached subsequently.

First published in 1990 by:
Stanley Thornes (Publishers) Ltd
Old Station Drive
Leckhampton
CHELTENHAM GL53 0DN
England

British Library Cataloguing in Publication Data

Rouve, Sonia
    En directo desde España: Spanish reading materials from
    authentic sources.
    1. Spanish language – Readers
    I. Title   II. Symons, Ray
    468.6421

    ISBN 0–7487–0139–7

Typeset by Tech-Set, Gateshead, Tyne & Wear.
Printed and bound in Great Britain at The Bath Press, Avon.